प्रीत के रंग

प्रीत के रंग

डॉ. अलका बाजपेयी

वाणी प्रकाशन

वाणी प्रकाशन
4695, 21-ए, दरियागंज, नयी दिल्ली 110 002

फ़ोन : +91 11 23273167 फ़ैक्स : +91 11 23275710

शाखाएँ

अशोक राजपथ, पटना 800 004, बिहार

कॉफ़ी हाउस कैम्पस, महात्मा गाँधी मार्ग, इलाहाबाद 211 001, उत्तर प्रदेश

महात्मा गाँधी अन्तरराष्ट्रीय हिन्दी विश्वविद्यालय, वर्धा 442 001, महाराष्ट्र

www.vaniprakashan.com
marketing@vaniprakashan.in
sales@vaniprakashan.in

Preet Ke Rang
by Dr. Alka Bajpai

ISBN : 978-93-5518-169-5
Poetry Collection

प्रथम संस्करण : 2022, प्रकाशित प्रतियाँ : 300

मूल्य : ₹ 399

आर. टेक ऑफ़सेट प्रिंटर्स, दिल्ली-110 032 में मुद्रित

वाणी प्रकाशन का लोगो मक़बूल फ़िदा हुसेन की कूची से

प्रिय अनुजा मीनाक्षी त्रिपाठी

की

चिरस्मृति को

भूमिका

कभी–कभी कुछ भी लिखने का कोई बहुत बड़ा या गम्भीर कारण नहीं होता, बस मन और जीवन की सहज और कठिन अनुभूतियों को सदैव याद रखने और सहेजने की इच्छा उँगलियों में कलम पकड़ा देती है, जैसे कि उस पल विशेष को अपने पास पकड़ कर पन्ने अपने हृदय में छिपाकर रख लेते हैं और गहन भावों को पढ़कर प्रायः मन पुनः उसी दौर में पहुँच जाया करता है जैसे कि प्रत्यक्षदर्शी हों।

इस प्रणयन में 'इ–स्त्री' जहाँ स्त्री के विचारों को कमतर आँकने की व्यथा को दर्शाती है वहीं 'पागल प्रेमी' जीवन में प्रेम, की प्रचुरता को समेटे हुए है। जहाँ एक ओर 'एकांकी' विरह को भी प्रेम से जीने का सुन्दर सन्देश देती है तो वहीं दूसरी ओर 'समर्पण' प्रेम की पराकाष्ठा में डूबी ऐसी रचना है जो यू–ट्यूब, वेब सीरीज 'प्रेम' में शामिल हो विदेशों तक में बहुत सराही गयी। इसमें यदि 'चाँद का दिल भी जलता होगा' वात्सल्य में डूबी रचना है तो 'यादें' एक स्त्री के बचपन और किशोरावस्था की यादों को जीवन भर हृदय से लगाये रहने की स्थिति को उकेरती है।

जीवन के विभिन्न उतार–चढ़ावों से उपजने वाले प्रीत के विभिन्न रंग इस पुस्तक में समाहित हैं। इन रचनाओं को पुस्तक के रूप में लाने के पीछे सबसे बड़ा हाथ मेरे उन मित्रों का है जो सोशल मीडिया पर यदा–कदा पोस्ट की गयी रचनाओं को

एक साथ देखना चाहते थे, पर वर्षों तक यह नहीं हो सका। इसी क्रम में किसी आत्मीय ने बस इतना ही पूछा कि ''रचनाएँ तो हैं पर पुस्तक कहाँ है?'' फिर सृजनात्मकता की ललक इस रूप में प्रस्फुटित हुई। इन रचनाओं को समेट कर उन्हें पुस्तकाकार में लाने का कठिन श्रम मेरी सुपुत्री विभू बाजपेयी ने बड़े मनोयोग से किया, जो इस रूप में आज आपके समक्ष हैं। इसे टंकित करने का सुन्दर कार्य प्रिय, दिपक पाल ने किया।

इस पुस्तक को आकर्षक रूप में प्रकाशित करने का कार्य श्री अरुण माहेश्वरी जी, वाणी प्रकाशन, नयी दिल्ली द्वारा जिस आत्मीयता के साथ किया गया है, उसके लिए आभार जैसा कोई भी शब्द पर्याप्त नहीं होगा। उनके प्रयास से इतना सुन्दर संचयन आप सबको उपलब्ध हो सका है।

मानवीय गहन संवेदनाओं एवं समय–समय की अनुभूतियों को शब्द देने के उपक्रम में निश्चित ही व्यतिरेक सम्भव है। सुधी पाठकगण रचनाधर्मिता के मौलिक धरातल पर जाकर इनका आस्वादन करेंगे, यही निवेदन है।

-अलका बाजपेयी 'समिधा'

अनुक्रम

प्रीत के रंग-I

प्रीत के रंग-II

प्रीत के रंग

I

प्रिय आज मैं शृंगार करूँगी

काजर बिन्दिया कँगना पहुँची सब छोड़ के भी मुस्काऊँगी
मेहँदी कुमकुम के रंग फीके रंग प्रियतम के रंग जाऊँगी

मेरे प्रियतम अब आयेंगे,
नयन आज मुस्कायेंगे।
युग–युग की आज प्रतीक्षा को,
मैं तिलांजलि दे आऊँगी।।

मिले आज तक शूलों को,
मैं राह से अपनी हटाऊँगी।
प्रिय की बाँहों के हारों से,
मैं अपनी बाग सजाऊँगी।।

दिन–रात साथ वे होंगे जब,
स्वप्नों को रूप नया दूँगी।
लेकर अनन्त आकाश में तब,
मैं प्रियतम को उड़ जाऊँगी।।

वह खुला–खुला अम्बर होगा,
धरती के बन्धन तोडूँगी।
प्रिय के साथ बनी पागल,
लहराती बलखाती झूमूँगी।।

न भय होगा मृत्यु का तब,
जीने की चाह चरम होगी।
हाथों में हाथ लिये प्रिय का,
चिरनिद्रा में सो जाऊँगी।।

ओ मतवारी सुन पवन तनिक,
ओ मेरे प्रिय चातक रे सुन।
ना मुझे जगाना निद्रा से,
मैं अपना स्वर्ग सजाऊँगी।।

वरदान

मन को जैसे उल्लास मिला
व्याकुलता को संन्यास मिला।
प्रेम के प्यासे अन्तस को
मधुमास का ज्यों वरदान मिला।।

मेरे मन ने छोड़ के दुनिया ध्यान समय का खींचा है
संग तुम्हारे बीता पल मुट्ठी में कस कर भींचा है
तुमसे मिलकर नवगीतों को मधुमास का ज्यों वरदान मिला।

खण्ड में बीता जीवन अगणित द्वन्द समेट रहा
अंक तुम्हारे सिमट के व्याकुल मन अनन्त के पार हुआ
तुमसे मिलकर नव सरगम को मधुमास का ज्यों वरदान मिला।।

प्रेम से बढ़कर और भला उपहार कोई क्या होता है
सच्ची आँखों से मोती छलके क्या ऐसा भी कुछ होता है
तुमसे मिलकर नवजीवन को मधुमास का ज्यों वरदान मिला।।

संग तुम्हारे प्रेमपुंज अब अगणित रंग बिखेर रहा
इन्द्रधनुष से गहने पहने तन तृष्णा के पार हुआ
तुमसे मिलकर चिर यौवन को मधुमास का ज्यों वरदान मिला।।

रत-अनवरत

युगों–युगों से लगते हैं ये गहन प्रतीक्षा के पल छिन
मन मृग भटके जंगल–जंगल कस्तूरी प्रेम की खोज कठिन।

विरह के गहरे मेघों से घिर घोर व्यथित है हृदयाचल
जिसका नहीं कोई ओर–छोर उस पथ को नापूँ पग गिन–गिन।

रेतीला पथ पग छाले हैं पग में नहीं मन में दुःख रंजित
मृगतृष्णा सा ये प्रेमपाश मरुस्थल की तपन सा व्याकुल मन।

दूर–दूर का यात्री मन कभी सुन्दर पथ कभी पगडण्डी
चाहे जितना जग घूम–घूम पर लौटे निश्चित ठाँव पे तन।

रत अनवरत तपस्या में कभी सृजन कभी विध्वंस राग
क्या खोज रहा मन बंजारा ये कहना–सुनना सहन कठिन।

नव प्रेम गढ़ें

आओ फिर से प्रेम गढ़ें,
मैं तुमको नींदों में पढ़ लूँ, तुम आँखों में मुझको भर लो।
रात्रि स्वप्न से दिवा स्वप्न के नेम गढ़ें,
आओ फिर से प्रेम गढ़ें।।

पैजनियाँ छनकाती आऊँ, तुम आहट की बाट तको,
इन्द्रधनुष से रंगी चुनरिया, मैं ओढ़ूँ तुम देख रुको।
फिर से प्रीत वो बचपन जैसी एक दूजे के रंग चढ़े,
आओ फिर से प्रेम गढ़ें।।

कर कलियाँ मैं भर के लाऊँ, तुम फूलों में रंग भरो,
श्यामल घन से केश, कमलिनी चन्दा से श्रृंगार करो।
थकन भूल के सहज प्रेम के नित्य नये आयाम गढ़ें,
आओ फिर से प्रेम गढ़ें।।

अपनी प्रीत उदधि सी गहरी, पैठ नये सन्धान करो,
फिर विचरे मन मुक्त मगन, नभ की ओर उड़ान भरो।
कोलाहल सन्तापों को तज चलो दिशा में नयी बढ़ें,
आओ फिर से प्रेम गढ़ें।।

सुनहरी साँझ

क्षितिज सँवर रहा है पुलकित परिणय बेदी में
पहुँच रहे बाराती कलरव गूँजे चहुँ दिसि में

रक्तिम किरणें आह्लादित हैं चंचल चपल सुनहली
वासन्ती पीली किरणों से अप्रतिम आभा फैली
साँझ की कज्जल मद्धिम रेखा वधू के नयनों में
पहुँच रहे बाराती....।

अभिनव रात्रि–दिवस का परिणय मण्डप में अठखेली
सुभग सुगन्धित सारंग जैसे बहे नयी इक शैली
दुल्हनिया है निशा सजीली अनुपम कृति छवि में
पहुँच रहे बाराती....।

अनोखी साँझ

आयी फिर इक साँझ विचित्र
सटे हैं फिर से छत की मुँडेर
लौटते विहग विहंगम चित्र
सुरमई फैल रही अन्धेर

अप्रतिम वसु–विधु का सन्देश
साथ में हम होंगे उस देश
संग हैं स्मृतियों के ढेर
बना मन चिर आनन्द कुबेर

वो देखो पूनम की साँझ
चन्द्र संग नखत के छुप–छुप गान
लिये पीपल की झुरमुट ओट
सामने अभी भी है दिनमान
लालिमा सूरज में ढलते
है लाली चन्दा में चढ़ते
लजायी साँझ कहीं पग मन्द
कहीं चमकीली भयी सवेर

सुवासित बेला, जूही, चम्प
चाँदनी के श्वेताभ समूह
लालिमा लिए गगन की आभ
लग रहे अगणित चन्द्र समूह

इक निश्चल सी है उम्मीद
अभी निकलेगा वो चितचोर
लिये बयनों मे प्रेम सुगन्ध
वो देगा फिर से यहीं बिखेर

मन बड़ा शान्त है

है प्रतीक्षा सघन तन भले क्लान्त है
तुमसे तुम तक पहुँच मन बड़ा शान्त है।

रश्मियाँ व्योम से गिर रहीं स्वर्ण सी
ज्यों तुम्हारी छुअन मखमली नर्म सी
खग ने आकर सन्देसा दिया दिव्य सा
पत्र पढ़ कर मगन मन बड़ा शान्त है।

एक ज्वाला सरीखे नयन जल रहे
जान कर आगमन राह में द्युति भरे।
हो के व्याकुल कभी औ कभी अनमना
पार सब सीढ़ियाँ मन बड़ा शान्त है।

बेड़ियाँ रीतियों की तुड़ा आयी मैं
बन्धनों के वो कंगन छुड़ा लायी मैं
प्रेम की धारें पहुँचीं, जो पहुँची लगन,
प्रीत झंकार सुन मन बड़ा शान्त है।

एक जादूगरी था वो तुमसे मिलन
जिसमें उलझे कि सुलझे हैं सारे गहन।
थे हृदय के सभी द्वार तुम पर खुले
बन्दिनी बन के भी मन बड़ा शान्त है।

तन को तन की लगन न निराधार है
मन से मन की लगन शान्त रसधार है।
नीतियों के भी निर्णय डिगा न सके
रच के अपना जगन मन बड़ा शान्त है।

कभी ऐसा करो

मरुस्थल से तपते नयनों में प्रिय बन के जुन्धैया से उतरो
अँधियारी अन्तरमन की छँटे रक्ताभ अरुणिमा रूप धरो।

बौराई अमराई महकी, छल–छल छलकें वन हरसिंगार
जूही तारों सम जड़ित, मध्य सैकड़ों चन्द्र से पारिजात
झरती शीतल किरणों से तुम मस्तक पर संचार करो।

गिरतीं उठतीं साँसों की थकन जो बाट तकें नयनों की जलन
बेसुध होती हिरदय गति को सत्कार में रुक जाने की लगन
अब कूल कठिन हैं जीवन में पल प्रतिपल को मझधार करो।

न आस–निरास ही छूट रही न पथ को दृग ही छोड़ रहे
भर भर कुलांच मृगतृष्णा में मन मृग–शावक बन दौड़ रहे
जिय धेनु सा खिंचता आये कन्हैया बंसी की मधुरिम तान करो।

जो कालखण्ड को युग कर दे क्षण प्रतिक्षण नयी उजास भरे
किस अंजन से सिंगार करूँ धरती अम्बर मधुमास करे
होरी के रंग रसधार बनें, कोई युक्ति लगा कोई यत्न करो।

प्रेम में मन मगन

प्रेम के ग्रन्थ को रच रहा मन मगन
प्रेम के पन्थ पर चल रहा मन मगन
कितनी आशाएँ झरने लगीं व्योम से
प्रेम के रंग में, रँग रहा मन मगन

घण्टियाँ घनघनाने लगीं जीत की
बेड़ियाँ छटपटाने लगीं रीत की
प्रेम प्रज्ज्वल हुआ जब से मण्डील में
सीढ़ियाँ प्रीत की चढ़ रहा मन मगन

श्वास निःश्वास में हर अनायास में
रागिनी प्रेम की घुल रही रक्त में
भर हृदय और मस्तिष्क में यूँ लगन
छन्द नित–नित नये गढ़ रहा मन मगन

कृष्ण है और कभी राधिका है स्वयं
गोपियाँ भी स्वयं है कन्हैया स्वयं
प्रेम भँवरे को सुन्दर सुमन है स्वयं
प्रीत के गीत नित पढ़ रहा मन मगन

झूठी कारा

वो जो पलकों से ढक कर छिपा जाते हैं,
वो सभी आँख की पुतलियाँ कह गयीं।
शब्द होंठों में फँस कर जो रह जाते हैं,
वो सभी चुगलियाँ हिचकियाँ कह गयीं।।

नीदें बागी हुईं चैन बेघर फिरे,
दिन को स्वप्नों के आभास दे जाते हैं।
कहकहों में भी सन्नाटा पसरा हुआ,
चुप में हँसती हुई बिजलियाँ गिर गयीं।।

पाने खोने की अठखेलियों में घिरे,
एक नया लक्ष्य पाने को कह जाते हैं।
डगमगाते पगों राह बढ़ता हुआ,
मन की बाधा सभी बेड़ियाँ कट गयी।।

मन का पंछी उड़े चीर नभ को चले,
ऐसी मुस्कान मोहक छिड़क जाते हैं।
जो समय रंग–बेरंग करता हुआ,
वो सभी प्रेम की तितलियाँ रंग गयी।।

झूठी कारा के अभ्यास करते रहे,
मुक्त होने के आभास भी कम ही हैं।
एक दिन आगे बढ़ कर के ऐसे छुआ,
मोम की थीं सभी खिड़कियाँ गल गयीं।।

मिलो तो सही

भाव भर जायेंगे तुम मिलो तो सही,
रंज मिट जायेंगे तुम मिलो तो सही।

वेदना से नहीं वासना से नहीं,
वास्तव में ये झुकता है मस्तक कहीं।
जिस घड़ी पास बैठोगे राधा समझ,
कृष्ण बन जाओगे तुम मिलो तो सही।।

हाँ बहुत दूर हम आ चुके संग में,
रंग चढ़ता ही जाता है संग–संग में,
मन से मीरा सी हूँ तन से राधा सी हूँ,
यह समझ जाओगे तुम मिलो तो सही।।

अपना कोमल हृदय तुमको अर्पण किया,
आँख की पुतलियों को ही दर्पण किया,
मन की अट्टालिका के निवासी हो तुम,
ये समझ जाओगे तुम मिलो तो सही।।

अब कभी ना ये मन छोड़ जाना कहीं,
थक के हर रोज करना ठिकाना यहीं,
आँखों आँखों में पीड़ा उतर जायेगी,
पल ठहर जायेंगे तुम मिलो तो सही।।

सोचती हूँ किसी दिन तो ऐसे मिलें,
कुछ ही घड़ियों में सदियाँ सिमट जायेंगी,
छन्द अपने प्रणय के अधूरे हैं जो,
गीत बन जायेंगे तुम मिलो तो सही।।

दरिया या समन्दर

कोरे कागज़ से हमको मिले हो तो फिर
बन के स्याही बिख़र जाऊँगी देखना।
जिस नज़ाकत से नज़दीक आते गये
उस मुहब्बत के तुम हर्फ अब देखना।

बन के हसरत मिले हो जो शिद्दत से फिर
बन के उल्फ़त मैं बस जाऊँगी देखना।
सहरा में बन के उम्मीद आ तो गये
बन के बदरी बरस जाऊँगी देखना।

ज़ाफ़रानी महक घुल रही फिर से फिर
सन्दली सी हवा का असर देखना।
रंग चाहत के हर ओर फिर खिल गये
मन की तितली ठहर जायेगी देखना।

दास्तानें छिपीं, किस्से औ दर्द फिर
मेरा दिल है किताबों का घर देखना।
इक ग़ज़ल भी बहुत होगी मेरे लिए
तुम कहोगे जो मेरे लिए देखना।

तोड़ रस्मों के बन्धन निकल आये फिर
छूट जायेगी हर कश्मकश देखना।
अब तो साहिल भँवर भी है मेरे लिए
दरिया है या समन्दर ये क्या देखना।

बस एक पाती तुम लिखना

जब सारी दुनिया घूम के थकना
मुझे प्रतीक्षा लिखना
जब सारे सम्बन्ध निभ चुकें
मुझे परीक्षा लिखना
प्रेम की वर्षा जब रुक जाये
मुझे सुदीक्षा लिखना
जब सारे मधुमास चल चलें
मुझे समीक्षा लिखना

लिखना कुछ मेरे मन की
कुछ अपने मन की लिखना
जब व्याकुल मन प्रान हों तब
जीवन शब्दों में लिखना

लिखना यौवन कभी–कभी
कभी बचपन चंचल लिखना
भूत भविष्य को लिख चुकना
फिर वर्तमान को लिखना

धरती की पीड़ा लिखना
कभी अम्बर का सुख लिखना
चाँद सितारे लिख चुकना तब
निज अस्तित्व भी लिखना

पुष्पगुच्छ इच्छाओं के
आशाओं की कलियाँ लिखना
जब–जब रुक्ष लगे उपवन
लहराता मधुबन लिखना

घनघोर अन्धेरा मँडराये
तब सुबह सुनहरी लिखना
लेकर चलने लगे काल तब
गीत नवोदित लिखना

यूँ प्रेम की घड़ियाँ बीत गयीं

कभी दुख का समन्दर निगल गयी
कभी प्रेम की बूँद में डूब गयी।
वो जो मुझसे प्रेम जताते थे
वही प्रेम निभाने में बीत गयी।

उन्हें प्रेम नहीं समझा न सके
हमें बहुत हुआ न समझ सके
वो जो ऊहापोह में डूबे थे
सदियों सी उमर यूँ बीत गयी

मैं उनको खोते डरने लगी
वो मुझको पाते डरने लगे
कहीं भ्रम न हो इनमें उलझे थे
और हीरे सी घड़ियाँ बीत गयी

नयनों संग फगुआ

फागुन के गुन देख सखी
ज्यों–ज्यों अमवा बौराये हैं
त्यों–त्यों प्रियतम बौराये हैं

कुछ शब्द नयन से छलके हैं
कुछ शब्द अधर पे अटके हैं
निःशब्द प्रेम की अभिव्यक्ति
वे हर पल में दोहराये हैं
ज्यों–ज्यों...

ये दिन मधुमास के आये हैं
जो प्रेम सुधा बरसाये हैं
मेरे प्रियतम प्रेमांजलि ले
मेरे पग–पग पर बिखराये हैं
ज्यों–ज्यों...

वे इक टक देखा करते हैं
मैं छुप–छुप देखा करती हूँ
लुकछिप की मन्द फुहारों से
हम फगुवा खेलते आये हैं
ज्यों–ज्यों...

प्रेम वट का अंकुरण

मैं एक शिला सी जड़वत थी,
तुम पवन सरीखे आते थे।
मैं जगह से हिल न पाती थी,
तुम लिपट के प्रेम जताते थे।।

ये पत्थर हृदय पिघलता था,
फिर सब आँसू पी जाता था।
तुम झाड़ के मन की धूल कहीं,
फिर दूर देश उड़ जाते थे।।

मैं कुछ पल चमकी रहती थी,
फिर धूल का घूँघट करती थी।
फिर गहन प्रतीक्षा रत करके,
आने की आस सधाते थे।।

इक प्रस्तर तप्त का आलिंगन,
तुम शीतल प्रेम से करते थे।
दग्ध हृदय कुसुमित होगा,
क्यों ऐसी आस बँधाते थे।।

दुःख की ज्वाला की लपटों ने,
पत्थर में भी चिटकन भर दी।
तुम प्रेम के वट के बीज लिये,
हर चिटकन में भर जाते थे।।

देखो आँखों में नमी से भी,
इक बीज प्रस्फुटित हो बैठा।
हाँ ऐसा भी हो सकता है,
हर बार यही कह जाते थे।।

अब धूल–धूसरित होकर भी,
प्रस्तर ये प्रेम वट पालेगा।
तुम आशाओं के झोंकों से,
नवजीवन फूँक जो जाते थे।।

दोनों पाँव रख दिये

तुम्हारे लिए तो गिरवी सब भाव रख दिये
प्रेम में मैंने सचमुच दोनों पाँव रख दिये।

कब कैसे तुम्हारे भीतर वो मीत मिल गया
मन में दबे थे जितने सब घाव रख दिये।

प्रेम की सँकरी पगडण्डी दूर दूर नहीं छाया
वासन्ती अमरायी छोड़ सब छाँव रख दिये।

प्रेम घट से निकले छींटों में मन रंगाया
मैंने भुला के दुनिया के सब ठाँव रख दिये।

लौकिक और अलौकिक प्रेम ने भव सागर उतराया
ऐसा लगा था खोकर दोनों नाव रख दिये।

प्रेम सघन ऋतु

प्रेम उदधि छलका कर अन्तस का दुःख भरमाया है
घन सन्ताप को चीर चला एक इन्द्रधनुष मुस्काया है।

आहट द्वार हृदय के कोई प्रिय आगन्तुक आया है
अपलक अविराम निहारते थे नयनों में दृश्य समाया है
मन की कलियाँ चटक पड़ीं जैसे ऋतुराज ही आया है
सन्ताप के घन...

गतिशील जगत के वेग ने तन को दूर–दूर पहुँचाया है
एकाकी मन उद्वेग उठे नभ–जल–थल भटक के आया है
निष्क्रिय ठण्डी साँसों को प्रेम की धूप ने फिर गरमाया है
संताप के घन...

गहरे श्यामल घन पीड़ा के यूँ घनन घनन घहराते हैं
रंग आशाओं के आँचल में मद्धिम तो कभी गहराते हैं
दामिनी फूँक रही तन मन उस पर सावन ज्यों छाया है
सन्ताप के घन...

मीठे सरगम से झंकृत मन कोई तान मधुर ले आया है
कुछ प्रेम पगे रंग पुंज भरे मधु छन्दों से छत्र बनाया है
शीतल संगीत की आवन से मरु में हेमन्त ज्यों आया है
सन्ताप के घन...

स्वाभिमान

मैं देह नहीं मुझसे हैं प्रान
मैं देह नहीं मुझमें हैं प्रान
जिस मन में तुम आन बसे, रहता है उसमें स्वाभिमान।

तुम प्रेम को नित–नित गढ़ते हो
मैं प्रेम को क्षण–क्षण जीती हूँ
मेरा अन्तर्द्वन्द न समझे फिर, कैसे समझोगे स्वाभिमान।

मैं नहीं खिलौने की गुड़िया
जब चाहो खेलो बन्द करो
मैं नहीं किसी भी पिंजरे की, मैंने पाला है स्वाभिमान।

मैं बन्धन तोड़ तो दूँ सारे
न नाता नेह का छोड़ सकूँ
मैं सब से स्नेह निभाती हूँ, फिर भी रहता है स्वाभिमान।

जब प्रेम प्रदर्शन करते हो
बस उस क्षण से बँध जाती हूँ
जब अनदेखी कर जाते हो, तब भी रहता है स्वाभिमान।

कभी यादें विचलित करती हैं
कभी आकुल करती है दूरी
अभिमान त्याग न पाते तुम, मैं कैसे छोड़ूँ स्वाभिमान।

आँचल में समेटे रखती हूँ
मैं झूठे प्रेम की भी कलियाँ
आँखों में सजते स्वप्न कई, पर साथी मेरा स्वभिमान।

आभास-अनुभव

कभी मन घायल कभी हृदय रिक्त,
क्यों जीवन का आभास तिक्त।
कभी सुध बेसुध कभी चटक चित्त,
क्यों व्याकुल हैं कुछ पता नहीं।।

वो जो लगता था अति कोमल मन,
कब प्रस्तर बन गया पता नहीं।
खट्टे–मीठे कड़वे पल छिन,
कैसे भूलूँ कुछ पता नहीं।।

जाने क्या–क्या सम्बन्ध दबे,
न जाने कितनी आशाएँ।
इच्छाएँ भी अनगिनत दबीं,
इस हृदय के कोटर पता नहीं।।

कभी बड़े बड़े दारुण दुःख सह,
कभी छोटी बातें करे विकल।
मन असहज दीर्घ प्रतीक्षारत,
कब मुखरित हो गया पता नहीं।।

इच्छाओं की पतंग

मन की डोर से बाँध उड़ाएँ,
इच्छाओं की पतंग आज चल।
कुछ ऐसा कर चलें दिशाएँ,
गुनगुनाएँ गुन आज और कल।।

जीवन की डोरी कच्ची है,
मन की सच्ची डोर लगाएँ।
क्षणभंगुर से एक पत्र पर,
चलो अमिट इतिहास बनाएँ।।
चलो वर्जनाएँ तज आगे,
एक नवल दिनमान सजाएँ,
हो प्रकाश का पुंज तेज,
जिसमें आलोकित हों आज और कल।।

मुखरित हों अभिलाषाएँ,
क्रंदन के घन चीर दिखाएँ,
रुदन के स्वर हो मौन नये,
उल्लास के जीवन गीत सजाएँ।
घनघोर घटाएँ काली हों,
जब दूर तलक अँधियारा हो,
तब ऐसा शुभसंसार सजाएँ,
जिसमें उज्ज्वल हों आज और कल।।

मनभावों को काट–छाँट कर,
कृत्रिम जो संसार सजाएँ,
ऐसे जीवन से कर दूरी,
मुक्ताकाशी गाँव बनाएँ।
हों स्वतन्त्र मन प्राण नये,
विस्तार का रूप जहाँ हो,
नये सुरों से झनके प्रकृति,
अम्बर जल थल आज और कल।।

तन चरखी से खींच साँस,
कर डोर नये उत्थान को जायें,
इच्छा शक्ति अदम्य सुप्त थी,
जो वर्षों से खोज दिखाएँ।
बड़ी समझदारी से हारे,
चलो जहाँ बचपन हो,
पुनर्जन्म सी अनुभूति में,
हर्षित कुसुमित हों आज और कल।।

सोचूँ क्या क्या कर जाऊँ मैं

कालखण्ड में क्षण हो ज्यों, अस्तित्व जगत में अपना त्यों।
अनवरत यात्रा की साथी, गलियाँ बन जाऊँ मैं।।

हृदय की गहराई में उतरे, वो अक्षर बन जाऊँ मैं,
प्रश्न अनगिनत रचे कोई, उनका उत्तर बन जाऊँ मैं।।
गीत छन्द का अलंकार कभी उपन्यास बन जाऊँ मैं...

सूर्य चन्द्र सा तेज नहीं, तारों जैसा भी भान नहीं,
कृत्रिमता नहीं अंश में भी, कैसे जगमग दिखलाऊँ मैं।।
नन्हा सा एक दीप अनवरत जला करे बन जाऊँ मैं...

अविरल नदिया सी लहरें, कभी हिमखण्डों सा मस्तक हो,
दग्ध हृदय ज्वाला से तन की, स्नेहभूमि बन जाऊँ मैं।।
घने वृक्ष की छाया सम पथिकों की राह सजाऊँ मैं...

अनवरत यात्रा की साथी, गलियाँ बन जाऊँ मैं।।

बस... कुछ लिखती हूँ

कभी मीर सा लिखती हूँ कभी मीरा सी लिखती हूँ
इक–इक शब्द डुबो कर दिल में फिर मन की पीरा लिखती हूँ

कभी सन्नाटों का शोर कभी चुप महफिल की लिखती हूँ
शब्द जो मन की पीरा के उन्हें हीरा–हीरा लिखती हूँ

कभी अन्तरिक्ष का पार कभी गहरा सागर लिखती हूँ
भँवर में घिरती और उभरती साँसों का दुःख लिखती हूँ

मेघों सँग भेजी है पाती...धुल न जाये पढ़ लेना
कुछ स्याही कुछ मौन शब्द भीगी पलकों से लिखती हूँ

जीवन प्रत्याशा

बड़ी जटिल प्रश्नों की भाषा, निरुत्तर उत्तर की आशा
खींच किनारे ले आयी तुम सँग जीवन की प्रत्याशा

भँवरों में घिर घिर जाना फिर फिर मझधार से द्वन्द निभाना
बेकल, बेसुध, बेमन जीवन में रंग भरने की प्रत्याशा

शिला एक सीने पे रख कर पर्वत सी उम्मीदें बोझल
निज नयनों में सपने सबके सतरंगी की प्रत्याशा

एक भवन भावों का तुम सँग कनक अटारी से कुछ अनुपम
दुर्गम जीवन से चल कर विश्रान्ति नगर की प्रत्याशा

मन ने वरन किया है तुमको तबसे है रज कण भी कंचन
तुम सँग पल छिन से युग यौवन अक्षुण की प्रत्याशा

मन के बोल

वो मेरा दर्पण न जाने कब कैसे बन गया
खुद को उसकी आँखों देखना अच्छा लगता है

वो मेरा सम्बल न जाने कब कैसे बन गया
दृढ़ता बीच सहारा उसका अच्छा लगता है

वो मेरा मनमीत न जाने कैसे बन गया
ग़ैरों बीच में उसको पाना अच्छा लगता है

वो मधुरिम संगीत न जाने कैसे बन गया
सूने मन में उसको सुनना अच्छा लगता है

मन्दिर महफ़िल मदिरालय का भेद खो गया
किसी भी क्षण यादों में आना अच्छा लगता है

झूठी सच्ची बातों–बातों प्रेम भर गया
उसका अब हर एक बहाना अच्छा लगता है

न खोने देना

अपने और तुम्हारे बीच में और किसी को आने देना
अब तक बस ये नहीं किया है तुम भी न ये होने देना

मैंने जिस दिन अंगीकार किया उस पल से प्रतिपल
पूर्ण समर्पण तुम्हें दिया है तुम भी न ये खोने देना

चन्द्र सूर्य से मिला के आँखें माँगा हर दिन प्रति पल
तुमको साँसों सँग बाँधा है तुम भी न ये खोने देना

नहीं एक व्रत का है ये किसी तपस्या का प्रतिफल
रुधिर रूप नस में बहती है तुम भी न ये खोने देना

हर दुःख सुख और कमी मुझे स्वीकार नहीं बेकल
सदा प्रेम को प्रेम ही रखना तुम भी न ये खोने देना

नव प्रात

भोर है नव प्राप्य की सन्ध्या सतत सन्ताप की
बन्धन नये स्वातन्त्र्य का उत्थान नव सम्भाव्य का

प्राण खिंचते जा रहे उस ओर को
बाँध कर मन चल पड़ा एक डोर ज्यों

रीतियों से मुक्त होकर उड़ चले
हर भरम सन्ताप बाधा बह चले
एक यात्रा मन से मन की ओर ज्यों
नव सृजन में हैं प्रफुल्लित प्राण यों

रेत के थे जो सपन सब ढह चले
वर्जनाओं को नमन सब कह चले
गुनगुनाती रागिनी मधु गीत ज्यों
छनछनाती इक हँसी का भान ज्यों

ओस की बूँदों से झरना कर लिया
रात्रि से पल को सुवर्णा कर लिया
मुस्कराती हर दिशा मनमीत यों
शब्द गूँजें हर घड़ी धड़कन हो ज्यों

कुछ कुछ करती रहती हूँ

जब सुस्त क़दम न उठते हैं
मैं तेज कदम चल देती हूँ
जब जब मन घबराता है
मैं और व्यस्त हो लेती हूँ

आँसू नयनों की कोरों पर
हठयोगी बन अड़ जाते हैं
तब नभ की ओर पुतलियों को
मैं साध के फिर उड़ लेती हूँ

शून्य तो सारा अपना है
बस कोना मिलना मुश्किल है
जब शून्य ही हासिल जीवन का
ले मुट्ठी में फिर उड़ लेती हूँ

क्षुब्ध हो मन तब गुनती हूँ
फिर दग्ध हृदय से बुनती हूँ
एकान्त की पीड़ा सुनती हूँ
सब छोड़ के फिर उड़ लेती हूँ

मकरन्द स्नेह की उड़ती है
पर धूल–धूसरित मन मस्तक
रस गन्ध में न आकर्षण नेह
एकाकी फिर उड़ लेती हूँ

कुछ...पता नहीं

राह देख कभी बाट जोह कभी तारे गिन–गिन बीत रही
जिस दिन सन्मुख आ जायें, तो क्या बोलूँगी...पता नहीं

उदयाचल के सूर्य में है वो अस्ताचल के चन्द्र में भी
इस गगन के कोने–कोने में, बस कितना है मेरा...पता नहीं

इन्द्रधनुष का रंग बैगनी, खिलते कंज की लाली भी
मेरे मन हर रंग में वो है, मैं किस रंग हूँ....पता नहीं

तुंग शिखर के ध्वज सा लहरे मेरे प्रेम का मस्तक भी
गहरे प्रेम की पीड़ा का रस अब तक उसको...पता नहीं

क्या चाहा, क्या सौंप गये

जाओ क्षमा किया सारा भण्डार जो छल का सौंप गये
तिरछी मुस्कानों में भर कर पीड़ा के पल सौंप गये

कितने आँसू दृगकोरों से बह के नित धोया करते हैं
छद्म प्रेम संलिप्त ये कैसी चूनर मन को सौंप गये

अनन्त प्रेम की परिभाषा के भाव नयन पढ़ते आये
पिंजर–पृष्ठ प्रेमपत्रों में विरह व्यंजना सौंप गये

प्रेम परिधि में मुक्त गगन संग मन पिंजरा भी आता है
तोड़ तीलियाँ स्वयं उड़ चले टूटा पिंजरा सौंप गये

अट्टहास ने सिद्ध किया है अब तक तो हर बार यही
उनके लिए जो सुगम न था वह क्रीड़ा स्थल सौंप गये

प्रेम सहज ही होता है पर प्रेम सहज न होता है...
सहज प्रेम की अभिलाषा में असहज पीड़ा सौंप गये

मैंने प्रेम अनन्त किया

हाँ मैंने प्रेम अनन्त किया
पर प्रणय निवेदन नहीं किया

कितने ही झंझावात उठे
कितने बेचैन सवाल उठे
कितना मरहम बाँटा लेकिन
चोटिल अन्तस हर बार किया

निजता के हनन से पहले ही
मन के अधीर से पहले ही
इच्छाओं का उत्सर्ग किया
चोटिल अन्तस हर बार किया

मैं स्व को भूल भी सकती थी
कान्धे सर भी रख सकती थी
आधीन नहीं हो सकती थी,
सो चोटिल अन्तस हर बार किया

मेरे भीतर है द्वन्द्व सही
पर राह मेरी निर्द्वन्द्व तो है
बाहर की चोटें सहन नहीं,
सो चोटिल अन्तस हर बार किया

साँसें कुछ बोझिल–बोझिल सी
आखें भी नम ही रहती हैं
दुःख के सागर की लहरों ने
अब रुकने से इनकार किया

हाँ मैंने प्रेम अनन्त किया
पर प्रणय निवेदन नहीं किया

हँसी भी सुहाती नहीं थी

मैं जब तक तुम्हें देख पाती नहीं थी,
मैं आँखों में कजरा लगाती नहीं थी।
कभी राह तकती थी आठों पहर भी,
मैं जूड़े में गजरा लगाती नहीं थी।।

गुज़र कर के दिन जब महीने बने थे,
महीने जो बरसों बरस हो गये थे।
वो बरसों बरस मुस्कराती नहीं थी,
मैं जूड़े में गजरा लगाती नहीं थी।।

दिखावे के रिश्तों में उलझे रहे तुम,
कभी ख्वाब जन्नत के बुनते रहे तुम।
मुझे नींद भी ढंग से आती नहीं थी,
मैं जूड़े में गजरा लगाती नहीं थी।।

कभी रजनीगन्धा महकती थी घर में,
गुलाबों की कलियाँ चटकती सुबह से।
चम्पा–चमेली भी भाती नहीं थी,
मैं जूड़े में गजरा लगाती नहीं थी।।

दिल में गिरह प्यार की क्या लगी,
कि बन्धन सभी छूटे–छूटे रहे फिर।
दिखावे के रिश्ते निभाती नहीं थी,
मैं जूड़े में गजरा लगाती नहीं थी।।

वर्जनाएँ ढ्ह रही हैं

वर्जनाओं की ये थाती अब फिसलती जा रही है,
हाथ मेरे अब अशक्त से और लेकर न चलेंगे।
आपने इतना मुझे ढूँढ़ा कि मैं स्तब्ध हूँ...,
दो किनारों से सदा हम दूर तक चलते रहेंगे।।

आपके संग बैठ के दो पल जो सुस्ताने लगे,
मन के ठहरे बाँध बह जाने को अकुलाने लगे।
तोड़ न पायें भले हम इस समय की बेड़ियाँ,
मिलन लघुप्राणों का उत्सव गीत गाते ही रहेंगे।।

वेदनाओं के निमन्त्रण नित्य चौखट पर खड़े थे,
हर्ष भर जायें ह्रदय में पत्र वो आने लगे।
सन्ताप के शूलों से घायल आत्मा की ड्योढ़ियाँ,
घात और आघात के दुर्दिन न अब मन में रहेंगे।।

हमारा प्रेम नहीं निर्मूल

तुम्हारे प्रेम पाश में बँध हो गया मन इतना निरुपाय
दिया हमने कोई आदेश तो उसको वो समझा अन्याय।

उठे जब हृदय में असमय शूल
और उड़ी यादों की कुछ धूल
तो मन दुनिया और ख़ुद को भूल
तुम्हारे सपनों में खो जाय

बहुत कटु लगता सारा दिन
बहुत तीखी हो जाती रात
बहुत दिन बीत चुके रह दूर
पास होने का भ्रम मिल जाय।

तुम्हारे पास प्रीत की शक्ति
हमारे पास तुम्हारी भक्ति
हमारी भक्ति दिशा पा जाय
तुम्हारी शक्ति अगर मिल जाय

न दिल माने इसको एक भूल
हमारा प्रेम नहीं निर्मूल
बहुत गहरा बोया था बीज
उखड़ने में जीवन मिट जाय।

होली

स्वर्णिम रश्मि के रंग हैं बिखरे अम्बर से धरती तक,
बासन्ती है धरा दृष्टि जाती है जहाँ–जहाँ तक।
प्रेम उमंग हैं छलके–छलके देखो कहाँ कहाँ तक,
महल अटारी सब रंग में हैं देखो जहाँ वहाँ तक।।

गजानन नन्दी की होली,
गौरीशंकर की होली।
राधेश्याम की होली,
सीताराम की होली।।

सन्ध्या भोर की होली,
रात संग चाँद की होली।
गगन संग सूर्य की होली,
धरती अम्बर की होली।।

बाल हुड़दंग की होली,
बड़ों के प्रेम की होली।
सजन संग नेह की होली,
युवा रसरंग की होली।।

रसीले छन्द की होली,
विलक्षण बन्द की होली।
मिलन के गीतों की होली,
झाँझ मिरदंग की होली।।

उड़े मकरन्द की होली,
बिखरती गन्ध की होली।
मनों में उमंग की होली,
तनों में तरंग की होली।।

सुगन्धित संग की होली,
सतत सत्संग की होली।
परम परमात्मा के संग,
एक लघुप्राण की होली।।

श्याम—बलराम की होली,
राजा राम की होली।
गोप संग गोपिन की होली,
सिया संग सखियन की होली।।

वो गंगा जमुना की होली,
वो कुंजन गलियन की होली।
लिए रंग फिरती है टोली,
मगन हर जीव की होली....।।

जाने क्या-क्या करते हो

दिवास्वप्न में हर आहट पर आने की अनुभूति है।
रात्रि स्वप्न में बैठ पास आभास मधुर भरते हो।।

दिन में फूलों की पंखुड़ियों बीच तुम्हें मैं पाती हूँ,
रातों में तारों का मेला संग तुम्हारे चलता है।
पूजा के दीपक में भी तुम छिपकर झाँका करते हो,
और चाँद के साथ रात भर हर कोने से तकते हो।।

भौरों की गुन गुन में अक्सर गीत तुम्हारे सुनती हूँ,
तितली का स्पर्श तुम्हारे हाथों जैसा लगता है।
हर महफ़िल में मिलोगे मुझसे लगता है यह कहते हो,
होती हूँ एकान्त में जब–जब गीत नया कुछ कहते हो।।

कैसी लगन है अद्भुत मेरी पल–पल युग में बदल गया,
यादों के चन्दन से मेरा पल–पल महका लगता है।
पलक झपकते बीतें वो पल मिलने को जब आते हो,
आँखों–आँखों रात कटे जब देख के तुम हँसते हो।।

एकटक देखा करती हूँ मिलते ही नयन झुक जाते हैं,
तुमसे मिलने खातिर नखरे कितने ये मन करता है।
प्रीत प्रेम का स्वप्न है ये या और भी कुछ हो सकता है,
बात करें कभी मिल जायें नित नये बहाने चुनते हो।।

कह दूँगी

सोचा करती हूँ दिन भर की अबकी मिले तो कह दूँगी,
ऐसे मन को हर लेना ये ठीक नहीं है कह दूँगी।

चाँद पिघल कर तुमसा ढल गया तारा–तारा मित्र बन गया,
छिटकी चाँदनी बादल पर तो अनगिन चित्र उकेर गया।
ऐसे हर आभा में दिखना ठीक नहीं है कह दूँगी,
ऐसे मन को हर लेना ये ठीक नहीं है कह दूँगी।।

सूर्य तुम्हारे ढंग से रंजित ऊषा किरण से तन को रंग गया,
नर्म गुनगुनी धूप के आलिंगन से रग–रग सिहर गया।
ऐसे रक्त सा तन में बहना ठीक नहीं है कह दूँगी,
ऐसे मन को हर लेना ये ठीक नहीं है कह दूँगी।।

जल तरंग बरखा की झड़ियों से बजता मधु गान हो गया,
लाखों हँसते प्रतिबिम्बित मुख बूँद–बूँद दर्पण सा बन गया।
ऐसे हर पलछिन में दिखना ठीक नहीं है कह दूँगी,
ऐसे मन को हर लेना ये ठीक नहीं है कह दूँगी।।

कंगना अटका चूनर में मन चौंक पड़ा ज्यों खींच ले गया,
जी में हर आहट पर धुक–धुक बाँहों में ज्यों भींच ले गया।
ऐसे हरदम साँस में बसना ठीक नहीं है कह दूँगी,
ऐसे मन को हर लेना ये ठीक नहीं है कह दूँगी।।

हर सपन दे दूँगी तुमको

"आज बह निकली पवन उन्मुक्त होकर के गगन,
खिल गये नव पल्लवों में आज नव आशा सुमन।"

प्रीत तुमने आज दी है, प्रान दे दूँगी तुम्हें।।

देवता पाने की इच्छा, हर मनुष्य की चाह है,
पर मनुज मिल जाये तो, सबसे बड़ा सौभाग्य है।
मैंने पाया जब से तुमको, स्वर्ग की इच्छा निबल है,
आस तुमने आज दी, विश्वास दे दूँगी तुम्हें।।

तम घिरे जीवन को आलोकित किया अब क्या कहूँ मैं,
एक अति विचलित हृदय, स्थिर किया अब क्या कहूँ मैं।
क्या कहूँ अब किस तरह उपकार ये चुकता करूँगी,
ज़िन्दगी दी आज तुमने सौ जन्म दे दूँगी तुम्हें।।

आज इन नयनों में मेरे जलधि की गहराइयाँ हैं,
मेरे हाथों की पकड़ में व्योम की ऊँचाइयाँ हैं।
सन्ताप से जलते बदन पर स्नेह की परछाइयाँ हैं,
आज तुमने दी हँसी, मुस्कान दे दूँगी तुम्हें।।

अब किसी भी शास्त्र से या शस्त्र से भय मिट चुका है,
इस जगत की हर व्यथा से व्यथित मन अब थक चुका है।
प्रेम की बरसात हो और मेरा तुमसे सामना हो,
दी किरण एक प्रेम की, अब सूर्य दे दूँगी तुम्हें।।

नर तन का नरतन

हे प्रभु दिया है तुमने हमको कैसा नरतन
करते हैं दिन रात कराने पर तुम्हारे नरतन।

बँधी डोर साँसों की नाचे हर छन छन छन
मन भर पीड़ा मन भर व्याकुल है सब तन मन।

मृग बन कस्तूरी पाने को भटकें बन–बन,
कहीं मिले न ओर छोर नदियाँ, नग, उपवन।

गुँजित है चहुँ ओर धरा पर धन की धन–धन,
अन धन है संलिप्त जुटाने में बस अन धन।

कण ये पहुँचे तुम तक कैसे हे प्रभु बतलाओ,
हे विभो! ग्लानि से रंजित है मेरा सब कण कण।

मेरी चिर्रो

सब कहते हैं मेरी बेटी मेरा आईना बन गयी,
वो शेर पिता का बन गयी, मेरी गौरैया बन गयी।

टूटे–फूटे शब्दों में वो एक कहानी कहती थी,
नन्हे–नन्हे हाथों से दिन भर शैतानी करती थी।
जब तितली पकड़ ना पाती थी वो सुबक–सुबक रोती थी,
बड़े पेड़ पर चढ़ने को वो एक तिपाई लाती थी।।
अब शेर पिता का बन गयी, मेरी गौरैया बन गयी....

छोटे–छोटे पैरों से धरती को नापा करती थी,
नन्हे–नन्हे कदमों से आकाश वो नापा करती थी।
सागर में इतना पानी क्यों पर्वत इतने ऊँचे क्यों है,
सूरज चाँद कहाँ जाते हैं बड़े सोच में रहती थी।।
अब शेर पिता का बन गयी, मेरी गौरैया बन गयी....

छोटी–छोटी बातों से हैरान रहा वो करती थी,
बड़े–बड़े मुद्दों पर अब वो राय धरा करती है।
छोटी छोटी मुश्किल दिन भर ले के फिरा करती थी,
एक पैर से दिन भर पूरा शहर मथा करती है।।
अब शेर पिता का बन गयी, मेरी गौरैया बन गयी....

जाने कितने सपने बुनकर आँखों में बन्द किये हैं,
रोज़ एक उपलब्धि लेकर छम से आ जाती है।
पापा अभी ये थोड़ा कम है माँ कुछ और भी पाना है,
नये–नये रस्तों पर अब वो तेज क़दम बढ़ाती है।
अब शेर पिता का बन गयी, मेरी गौरैया बन गयी....

इसमें न सन्देह जरा है

मैंने जीवन के कण–कण में प्रेम भरा है
प्रेम के क्षण–क्षण में प्रिय का सम्मान भरा है।

हर दिनमान को आशा से भरकर देखा
इतना प्रेम पिरोया अपने सम्बन्धों में
हर आने वाली विभावरी ने हतप्रभ देखा
अपनी साँसों में प्रिय का सम्मान भरा है।

हर रात की स्याही से सुबह का गीत लिखा
भर गयी सुबह की लाली उर अन्तस में
अन्तरतम का नाश रात भर जाग लिखा
अपनी आँखों में प्रिय का सम्मान भरा है।

हर छोटे छोटे पल में भी उल्लास भरा
हर आने वाली सियाह रात के दौरों में
कभी नहीं उजियारे को छँटते देखा
अपनी नस नस में प्रिय का सम्मान भरा है।

कभी रूठ सकें न हमसे ये संकल्प लिया
हर आशा जीवित रखी घोर निराशा में
अपलक राह तकी उनकी मुस्कानों की
अपनी रग रग में प्रिय का सम्मान भरा है।

चिर योग

तुम वृक्ष बनकर आसरा दो,
मैं लता बनकर लिपट जाऊँ।
अपनी बाँहों में छिपा लो,
राह में यदि बिखर जाऊँ।।

मेरे जीवन का ये उपवन,
संग तुम्हारे ज्यों हो मधुबन।
बिन तुम्हारे सरस संग,
मैं जी न पाऊँ मर न पाऊँ।।

अपनी साँसों की नमी से,
हरित कर दो पुनः यौवन।
लीन होकर चिर प्रतीक्षा में,
कभी कुम्भला जो जाऊँ।।

स्नेह की सरिता ने सींचा,
प्रेम के सूरज ने पाला।
और फिर हो संग तुम्हारा,
हर जनम यह योग पाऊँ।।

चिर प्रतीक्षा हो मेरी,
चिर कामना भी तुम ही मेरे।
चिर समय से माँगती हूँ,
चिर समय तक संग पाऊँ।।

प्रेम रंग

मन कभी संग रहा,
तन कभी संग रहा,
ज्यों ही तन मन हुए संग तुम्हारे लिए
रंग धानी छिटक कर गगन रंग रहा

पतझरों में भी पातों के घुँघरू बजे
नागफनियों में फूलों का मधुबन सजे
टेसुओं से हुए शूल चुभते थे जो
एक मधुमास मरुस्थल में पल ज्यों रहा।।

मन के घायल परों से भी उड़ने लगे
दूरियों से गगन की भी जुड़ने लगे
प्रेम से भर चले घाव रिसते थे जो
क्रूर नियती का पासा पलट ज्यों रहा।।

मन की हर इक लगन कस के पकडे हुए
बेड़ियों में समय की जो जकड़े हुए
गहरी पीड़ा में संलिप्त पलते थे जो
हर सपन तोड़ कारा निकल ज्यों रहा।।

साथ मीलों का

ऐसे मन को साथ लिये
सब जीवन उसके संग जिये
जिसने दी हो तीन भेंट
मन, समय, समर्पण साथ लिये

मेरी हर ख़ुशी में छलके वो
मेरे हर दुःख में रोये वो
मेरे हर निर्णय को मान दिया
हर क़दम पर मीलों साथ दिया

एक झलक को अपलक जागे वो
एक पल को दिनों दिन माँगे वो
एक दिन सँग रहने का सपना
मेरे जीवन पर ही वार दिया

अपनी खुशियों में ढूँढ़ा मुझे
अपनी हर व्यथा में साथ दिया
अपनी साँसों की डोरी को
मेरी साँसों सँग बाँध दिया

वर्जनाएँ

मैं कलियुग की राधा हूँ,
मेरा नेह लगाना वर्जित है।
मैं वृन्दा भी न हो सकती,
मीरा होना भी वर्जित है।।

बस एक अहल्या रूप धरे,
जो थोड़ा सा परिमार्जित है।
प्रस्तर सी भी दिख न सकूँ,
मेरा मुस्काना वर्जित है।।

परिभाषा जो भी गढ़ जाए,
नियति ही उसमें ढलना है।
अभिलाषा कोई बढ़ जाये तो,
उसकी शाख कतरना है।।

सुन्दर शब्दों में गढ़ा हुआ,
एक गीत सरीखा यह जीवन।
रस छन्द अलंकारों में बँधी,
मेरा उन्मुक्ति तिरोहित है।।

‘मैं’ ही ‘तुम’ हो लेती हूँ

आज मुँड़ेर पे कागा भी, चुपचाप बैठ के लौट गया।
फिर भी जाने क्यों आने की, आहट कैसे सुन लेती हूँ।।

जब दर्पण सामने रखती हूँ,
चुपचाप स्वयं को तकती हूँ।
मेरी आँखों के तिल में बसे,
उस घड़ी मैं बस तुम होती हूँ।।

जिस प्रेम से देखा तुमने सदा,
हर घड़ी वो अनुभव करती हूँ।
जो बातें तुमसे कह न सकी,
वो दर्पण से सुन लेती हूँ।।

अब दर्पण सामने रखती हूँ,
और जब मैं तुम हो जाती हूँ।
फिर अपनी हर मुस्कान को मैं,
अपलक नयनों से तकती हूँ।।

मेरे मस्तक पर जो अंकित है,
उस प्रेम की आभा तकती हूँ।
कुछ बड़े पुराने शब्दों को,
रह–रह कर फिर सुन लेती हूँ।।

कब दर्पण सामने रखती हूँ,
ये भी तो भान न होता है।
ज्यों स्मृतियाँ सहलाती हैं,
प्रतिबिम्ब वहीं पर होता है।।

हर आहट आहत करती है,
हर बिम्ब छवि दर्शाती है।
हर पल को सँजोये सीने में,
पल–पल फिर से जी लेती हूँ।।

तब दर्पण भी चुप रहता है,
जब नीर नयन से झरता है।
जब–जब मैं तुम होती हूँ,
तब तुम सी न हो पाती हूँ।।

जैसे गातों से अश्रु मेरे तुम,
झट से मिटाया करते थे।
वैसे अब अपने हाथों से,
चुपचाप मिटा रह लेती हूँ।।

यादें

यादें उतर आती हैं सखियों के आँगन में
जब आते हैं चिड़ियों के झुण्ड इस आँगन में
डाली पे पड़ा झूला सावन की फुहारों में
वो भीग के भाग के जाना झूले पे कतारों में

वो मेरा बिस्तर है वो मेरी कुर्सी है
अपनी प्यारी चीज़ें रखना वो दराज़ों में
कभी बहन से भिड़ जाना कभी भाई को डटवाना
कहीं छुप कर कोने में बदमाशियाँ कर आना
अपनी सब चीज़ों पर अधिकार जमा जाना
सब बेमानी होगा बस ये ही नहीं जाना।

एक रात थी बस आयी जो पूनो सरीखी थी
एक महल ख़ुशी का था, एक ढेर उदासी थी
इस ओर उजाला था उस ओर अन्धेरा था
उसे सब कुछ देना था या सब कुछ लेना था
अब खाई सी दूरी है बाबा की अटारी से
मैं दूर चली आयी माता की पिटारी से।

अभी कम भी न हो पायीं इतनी थीं ख़ज़ाने में
दिन रात लगाये मैंने यादें जो मिटाने में
ये समय की खाई है कभी भर ही न पाती है
कम खुशियाँ नहीं लेकिन वो कमी सताती है
माँ पास तुम्हारे मैं रह सकती थी थोड़े में
बड़ी दूर किया बाबा मुझे ब्याह के जोड़े में।

अब क्या कहिए

जब झूठ को जान न झूठ कहे,
उस मन की लगन को क्या कहिए।
हर सच भी सच हर झूठ भी सच,
फिर भी बेचैनी को क्या कहिए।।

दो चार दिनों के जीवन में,
आना जाना जब अलग–अलग।
बस ये ही कटें न चार दिवस,
सँग–साथ की इच्छा को क्या कहिए।।

प्रतिकार करें न दें प्रत्युत्तर,
बस सम्मुख दीप्त सुवासित हों।
भर लें नयनों की कारा में,
बस इतनी सी इच्छा को क्या कहिए।।

बीतें घड़ियाँ पल–मास–दिवस,
न रुकें कभी न ही रोक सकें।
फिर भी कुछ दृश्यों के चित्रांकन,
नित की इच्छा को क्या कहिए।।

बस यादें डोलती हैं

कहीं पड़ी हँसी है बिखरी, कहीं बातें बोलती हैं।
मेरी ओढ़नी में फँस कर, कुछ यादें डोलती हैं।।

कभी भर के आँख देखे, कभी अँखड़ियों से खींचें।
कभी उँगलियाँ फँसा के, मेरी उँगलियों को भींचें।।
चंचल चकोर चितवन, वो चित्त खोलती हैं।
बस यादें डोलती हैं।।

दर्पण में अपने संग मैं, कभी उनको देखती हूँ।
रंग रंग गया है उनके, तन मन जो देखती हूँ।।
वो जोगिया की बातें, कहीं गहरे बोलती हैं।
बस यादें डोलती हैं।।

मैं पुस्तक जैसे, उन्हें हर क्षण पढ़ती हूँ ।
दो पंक्तियों में उनके, शृंखला अवतरण हैं।।
दो पंक्तियाँ ही अक्सर, इतिहास तोलती हैं।
बस यादें डोलती हैं।।

चाँद का दिल भी जलता है

सीती हूँ जब मैं अपनी गुड़िया के कपड़े
सारी डिग्रियाँ जोड़ के लहँगा उसका गढ़ती हूँ
अपने अनुभव जोड़ के उसकी चोली सँवारती हूँ
उम्मीदों के सभी सितारे ओढ़नी में जड़ती हूँ।

अपनी आँखों की पुतली उसके माथे रख देती हूँ
नींदें जला के बनें जो काजल नैना सँवारते हैं
जीवन की आशाओं का गजरा सिर उसके सजता है
तब जाकर कहीं चाँद का दिल उसे देख जलता है।

कभी फ्रॉक में अपना बचपन छिपा के पहना देती हूँ
कभी नया जमाना शर्ट में उसकी छलका फिरता है
एक एक उम्मीद से जब उसकी चोटी गुँथती हूँ
मेरा सारा बचपन, सारा यौवन फिर वापस मिलता है

कभी साड़ी में इतराए तब मैं दिल को थाम लेती हूँ
आवारा बादल सा आँचल दिल को हिला देता है
ढेर दुपट्टे ज़ेवर सैंडिल पर्स बिखेरे घर भर में
झुमका बाली मेहँदी इत्तर सब महका महका रहता है।

देख के उसकी चंचल चितवन दुनियाँ बिसरा देती हूँ
खिल खिल करके मुस्कानें जब दिन भर झरती हैं
हर हँसी में जब घुँघरू छमके हर बात में चूड़ी छनके
जब घर भर में वो महके तब मन उपवन खिलता है।

ओ मीनू ...!

अक्सर आँखों के आगे तुम यूँ ही आया करती हो
बरखा की झिलमिल बूँदों में काले मेघों में दिखती हो।

सूरज की किरणों में दिखती कभी झलकती तारों में
कभी संग हवा के आती कभी फूलों के संग गाती हो।

छोटी लब्बो की कविता को पढ़ती तुतली बानी में
कभी इन्द्रधनुष के रंग से गुड़िया का लहँगा रचती हो।

कभी पापा सँग खटपट हो तब याद बहुत आती हो
जब मम्मी दिये जलाती है तब याद बहुत आती हो।

एक हँसी कहीं कम लगती जब बेहद ख़ुश होते हैं
एक राखी कम बँधती है तब याद बहुत आती हो।

समिधा

व्याकुल बहुत हैं मन प्राण मेरे
उमड़े हैं बादल विरह के घनेरे।
है वर्षा विरह की मिलन के क्षणों में
आकुल है मन फिर सवेरे सवेरे।

अमरबेल जैसा लिपटा है मन क्यूँ
ऐसे पथिक से जो उसका नहीं है।
रहोगे ठगे से खड़े तुम कोई दिन
वो चल देंगे आगे प्रकृति के चितेरे।

घड़ी दो घड़ी को रुका है जो राही
वह चल देगा थोड़ी आराम आते।
चला जायेगा वो बहुत आगे एक दिन
बचेंगे वही फिर अँधेरे अँधेरे।

प्रशंसा के जो बोल भटका रहे हैं
कभी फिर से तरसोगे भी न होंगे।
नियति से प्रणय को न स्थिर समझना
बड़ा दुःख छुपाये ये क्षण हैं लुटेरे।

तुम अपने विरह की व्यथा न भुलाना
कि फिर से वही होगा साथी पुराना।
घड़ी दो घड़ी है मिलन का तराना
ज्वालामुखी से हैं बिछड़न के घेरे।

हवन है ये जीवन तो कुछ होम होगा
कि 'समिधा' बनेंगी फिर से उम्मीदें।
जलेगा पुनः रक्त हृदय दग्ध का और
बचेंगे धुएँ के बादल घनेरे।

प्रीत के रंग
II

प्रेम की अनन्त यात्रा

मेरी क़लम
मेरे पन्ने
मेरी सोच
मेरी रातें
मेरे पल छिन
फिर भी...
हर बार
बार–बार तुम्हे यूँ लिखना रोक नहीं पाती...

तुमने यादों में आकर
आदत बिगाड़ दी है
कुछ और सोचना भी चाहूँ
मन एकदम मना कर देता है
कुछ और लिखें भी हम कैसे
ये उपन्यास जो तुमसे है
पूरा ही न हो पाता है...

अब रहने दो मुझे अपने हृदय में छुपकर
बाहर आने से डरने लगी हूँ
इन झँझावातों से उलझने का मन नहीं होता
चुपचाप रहना चाहती हूँ जीवन भर
तुम्हारे मन के विस्तार में
जहाँ विचरण की अनन्त व्यवस्था होगी
कुछ और की चाहत विराम पा जायेगी
बस तुम्हारे प्रेम की अनन्त यात्राओं में...!!

सुनो

न खेला बरसों होली में रंग
मेरे संग खेलोगे इस बार?
मैं चाहूँ हारूँ अबकी बार
करोगे थोड़ी सी मनुहार?
कि बह जाये फिर रस की धार
मैं तोड़ूँ बन्धन खोलूँ द्वार
हाँ! लाना ऐसा गहरा रंग
कि जिसमें 'प्रेम अनन्त अनन्त'
समर्पण की जिसमें चमकार
बस एक चुटकी में पूर्ण सिंगार
बेखटके आओ तो एक बार

मैं दौड़ूँ भले हों बिखरे केश
भले हो पाँव में पायल एक
चूड़ियाँ काजर बिखरे जायें
चाँद सी बिंदिया मुझको फेंक
तुम्हारे गले चिपक रह जायें
वो जो चुटकी में होगा रंग
चढ़ेगा माथे से सब अंग

करेंगे नर्तन उस दिन प्रान
चले आना तुम बिन अनुमान
जो रह जायेंगे प्रेम के चिह्न
नहीं वो मेरे तुम्हारे भिन्न
मैं चाहूँ हारूँ अबकी बार
क्या तुम भी हारोगे इक बार?

प्रेम समर्पण

प्रेम आकर्षण नहीं
प्रेम दिन रात साथ में नहीं

प्रेम देह में भी नहीं
है ही नहीं

प्रेम मात्र मन के समर्पण की वह स्थिति है
जो कभी भी पुनः पूर्ववत स्थिति में नहीं लौट सकती
एक बार समर्पण कर दिया निज अस्तित्व
तो कितने ही झँझावात आयें
या कि दावानल हों विरह के
या जीवन के प्रलयंकारी निर्णय
फिर कभी नहीं लौटता प्रेम में किया हुआ समर्पण
लौटने की राह ढूँढते ही मन चरचरा के टूट जाया करते हैं
थरथरा के काँप जाती है आत्मा
और फिर आते हैं बड़े बड़े विकराल ज्वार
जिनमें बह जाता है सर्वस्व
नहीं रहता बाकी कुछ भी भीतर
फिर भी समर्पण कभी नहीं लौटता

हाँ, लौटता है ऐसा रिक्त स्थान
जिसकी पूर्ति रहती है असम्भव आजीवन
सब कुछ सदा के लिए शून्य... सदा–सदा के लिए शून्य
क्योंकि प्रेम भौतिक नहीं अलौकिक प्राप्ति है
जो जीवन जीने के अर्थों को बदलकर रख देता है
प्रेम समर्पण बस वहाँ होता है
जहाँ तन के साथ मन
और मन के साथ आत्मा
सब कुछ बिना प्रयास के संरक्षित और सुरक्षित हो जाया करते हैं

प्रेम देह की प्राप्ति नहीं...
सब कुछ देकर भी अकूत सम्पत्ति धारण करने की
दिव्य अनुभूति है।।

प्रेम से भय आखिर क्यों?

भूल जाते हैं आप
मुझे भली भाँति पता है
कि अक्सर भूल जाते हैं
कई दिनों तक मुझे सन्देश देना
कई कई रातें मुझे याद करना
कभी मुझसे मिलना भी
सचमुच व्यस्त होते हैं आप
बहुत व्यस्त!!

लेकिन कम व्यस्त तो मैं भी नहीं होती
हर बार दोहरा काम करती हूँ
सुबह चाय बनाते वक़्त
आपके साथ चाय पीना याद करती हूँ
खाना बनाती हूँ तो लगता है
पता नहीं आपको ये पसन्द होगा कि नहीं
सँवारती हूँ घर का कोना कोना
तब लगता है शायद आपके आने की आहट है
गुलदान में सजाती हूँ फूल, जिनमें
हमारे रिश्ते की महक लगती है
तारों जैसे सजे सफेद फूलों में
आपके चेहरे की चमक दिखती है

ड्राइविंग सीट के बग़ल अक्सर आप बैठे मुस्कुराते हैं
सारा दिन अकेले हर काम से पहले और बाद
साथ रहती है आपकी याद...

पर आप भूल जाते हैं अक्सर
जानते हैं क्यों..?
क्योंकि आप भय खा जाते हैं अक्सर
जानते हैं क्या...?
आप प्रेम से भय खा जाते हैं
क्योंकि आप प्रेम सँभालने से डरते हैं
क्योंकि आप बड़े व्यावसायिक हो गये हैं
व्यवसाय सँभालना अब आपको
बायें हाथ का खेल लगता है

पर प्रेम
उफ्फ! ये कठिन है
पर इसी भय में तो छिपा है
कि मैं प्रेम करने लगी हूँ आपसे
ये जानते हैं भली भाँति
बस और कुछ चाहिए भी तो नहीं
आपका ये जानना भी बहुत मायने रखता है
किसी दिन इस भय को पीछे छोड़
व्यावसायिक रिश्तों से हटकर
प्रेम के रिश्ते में शान्ति और सन्तुष्टि
अवश्य ढूँढ़ेंगे आप
तब तक मैं व्यस्त रहूँगी
आपको करते हुए याद....

कभी-कभी

कभी किसी ने नहीं कहा
थक गयी हो...थोड़ा आराम कर लो कभी
छिप छिप कर
अपने लिए भी
जीने लगी हूँ कभी कभी
जाने क्यों मन में लगता है
जैसे कोई बुराई करने लगी हूँ कभी कभी।

मेरा पागल प्रेम

प्रेम!
कहने में कितना सरल
पाने में उतना ही कठिन
अनुभव में उससे कहीं विचित्र
हाँ विचित्र ....
कभी पाकर मस्त
कभी खोकर सुस्त
कभी देख के उत्साहित
कभी प्रतीक्षा में बेसुध
कभी छूने को बेकल
कभी छोटी बात से घायल
बस एक झलक को विह्वल
कभी घण्टों बतियाकर शेष
कभी एक युग तक में निःशेष
कहते हैं यही है पागल प्रेम

क्या कहूँ इसे...?
बड़ी अद्भुत अनुभूति है प्रेम
स्तब्ध, निःशब्द निस्तेज जैसे निष्प्राण हो गया तन
प्रेम होना कठिन, पाना तो कठिन
किन्तु दुष्कर है पागल प्रेम का होना

और प्रस्तर कर देता पाकर असमय खो देना
हाँ! खो दिया मैंने असमय अपना पागल प्रेम
इस पाने को सौभाग्य से तौलूँ या खोने को दुर्भाग्य से
ये असमंजस चीर रहा मुझे पल पल आरे सा
किन्तु अटल सत्य बस इतना है
कि मेरे जीवन में प्रेम है
पागल प्रेम!!

जो सदैव 'है' ही रहेगा
कभी 'था' नहीं होगा
हो ही नहीं सकता
एक जीवन में एक बार सचमुच पागल प्रेम से भेंट हो जाये
तो फिर वो कभी 'था' हो ही नहीं सकता
क्योंकि वो अन्तःकरण में रम जाता है
कभी किसी भी प्रकार जब दूर नहीं हो सकता
मूर्त या अमूर्त रूप में तो वो था कभी नहीं हो सकता
अद्भुत, अदम्य, अनछुआ...
हाँ! मैं सौभाग्यशाली हूँ
मेरे जीवन में प्रेम है!
पागल प्रेम!!
और अपने प्रेम में पागल कर देने वाला प्रेम भी।।

इ-स्त्री

मैं स्त्री हूँ...
'इस्त्री' सहने का गुन साथ लेकर जन्मी हूँ
कितना विस्मय है
मैं कभी सही होती ही नहीं
सारी प्रकृति का संचालन मेरे हाथों से होता है
जो कुछ भी कह देती हूँ
उसे काट पाना कठिन होता है
फिर ऐसे जीता जाता है मुझको
हाँ, तुमने कहा वो भी ठीक है
परन्तु मैं जो समझ पाया वो अधिक परिष्कृत है
अक्सर मेरे नवोदित विचारों के पंख कतर कर
घायल अवस्था में छोड़ मुझे
उन्हीं पंखों से नया विमान बना कर
भरते हैं उड़ान ऊँची

और जब कभी दोबारा हो भेंट
तो समझाते हैं कि देखो कितने कितने पंख बटोर
बनाया था विमान विचारों का

और कर आया मैं परिक्रमा धरती अम्बर की
अपने बाहुबल से चलाया मैंने विमान
दम्भ में ये भी भूल जाते हैं
कि किसे सुना रहा हूँ अपना विजयगान
कहीं इसे याद न आ जाये कि कतरे थे इसके पंख
कहीं पहचान न ले
मेरे विजय रथ में लगे उसके विचारों के पंख
कहीं याद न आ जाये कुछ बीता
तब उसी विजय रथ के पहिये से 'इस्त्री' किया जाता
मेरा मान, मेरा सम्मान

अक्सर स्वाभिमान के 'इस्त्री' होते ही
चीख पड़ती हूँ
उस पल में भी मैं सही नहीं होती
मुझे नहीं चीखना चाहिए
'स्त्री' का भी होता है भला स्वभिमान
लेकिन जिस पल स्वभिमान से समझौता नहीं कर पाती
तब से हो जाती हूँ आरोपित
दम्भी, दुष्ट, दानवी, दयनीय कभी
देखती चली आ रही हूँ
मेरी दिव्यता को भी 'इस्त्री' करने के प्रयास
किन्तु प्रस्फुटित हो ही जाती हैं जब जब रश्मियाँ
तब तब उसकी सराहना करने में भी
किस किस ने साथ निभाया इसका साथ
आकलन होता ऐसे

फिर से एक दौर चलता 'इस्त्री' का
हर कोई दौड़ पड़ता है उसका श्रेय किसे जाता है
किसने दिये पंख उसको इतने ऊपर उड़ने को
'स्त्री' है अपने इतने विचार कैसे बचा पायी
क्यों कर इतने ऊपर उड़ पायी...
और फिर बन जाती हूँ एक 'इस्त्री' 'स्त्री'
जिसकी दृढ़ चिकनी चटक चमकीली भव्यता कर देती है
मान मर्दन सभी पुराने 'इस्त्री' के यन्त्रों का
हाँ! मैं 'स्त्री' हूँ
सदा 'इस्त्री' होने को तैयार

व्यस्त रहा करना

बड़े गुरूर में रहते हो तुम...
कि बड़े व्यस्त रहा करते हो
समय नहीं मेरे हाल जानने का
आखिर क्यों चाहती हूँ
क्यों याद करती हूँ

क्यों सारे जीवन के दुख–सुख तुमसे
सिर्फ तुमसे बाँट लेना चाहती हूँ
क्यों तुम्हारे मस्तक को छूना
मेरी आत्मा को सन्तुष्टि से भर देता है
बस एक आलिंगन जैसे...
सारे जीवन की थकन मिटा देता है
बस तुम्हारे साथ बैठने भर से
जीवन सम्पूर्ण लगने लगता है!!

कोई बात नहीं...
अब तुम्हें नहीं पढ़ने होंगे मेरे मन के वेग–आवेग
काम हमने भी खोज लिये...
अब हमको भी समय नहीं मिलता
कभी तुम्हें लिखना, कभी पढ़ना
और बचे वक़्त में तुम्हें याद करना

मेरा दावा है...
इतने कामों में उलझोगे जिस दिन
निकलना दुष्कर हो जायेगा तुम्हारा!!

तुम न जलाना अपने जी को
कुछ नहीं मिलता
मैंने देखा है किसी को स्वयं से अधिक प्रेम करके भी
आत्मा आकुल ही रहती है
जैसे कोई बड़ा ऋण ले लिया हो सदा प्रेम करने का...
हर अनदेखी पर मन कहता है
वो दोबारा लौटेंगे बस मुझसे मिलने के लिए
हर खाली दिन, बस यादों भर से, भर लेती हूँ
कोई बात नहीं तुम कितने भी व्यस्त हो जाओ
मुझे पता है मैं न सही सामने
मुझसा कोई
या मुझ सी आदत कोई
सामने से जब भी निकलती होगी
तुम्हें याद मेरी आती ही होगी
बस इतना सा तुम्हारा ध्यान चुराना भी
मुझे अनन्त सुखों से भर देता है
तुम बिल्कुल भी न उलझना प्रेम में
दुष्कर ही नहीं असम्भव होता हैं
इससे बाहर निकलना
तुम व्यस्त रहा करना सदा अपनी पसन्द के कामों में
अब हमारी स्थितियाँ एक सी हैं
तुम भी व्यस्त, मैं भी व्यस्त
अपनी पसन्द के कामों में...

नये आयाम

तुम्हें पाने को कभी कहाँ सोचा
बस अच्छे लगते थे
सो...
प्रीत लगा ली!!
अब तो मिलने की चिन्ता भी न रही
तुम तो हृदय में ही रह गये सदा के लिए...
अब तो दूर जाना असम्भव हो गया
ये प्रेम मिटता क्यों नहीं
बहुत सताता है
जब तुम्हें देखने का मन होता है
आँखें बन्द करके देख लेती हूँ
किन्तु आलिंगन में नहीं होते
तब घबरा के हवा से हिलते किवाड़ों को देख
सोच लेती हूँ...

जैसे कि अभी तो यहीं थे
अभी अभी ही निकले हो घर से...
बस ये भ्रम ही सहारे हो गये हैं
जिन्हें झूठी आशा
और
आश्वासन मान
जीने के नये आयाम खोजती हूँ प्रतिदिन!!

एकांकी

''अक्सर जकड़ कर बाँहों में मुझे रोक लिया करो कभी कभी
थक जाती हूँ उड़ते उड़ते तुम्हारी यादों के आसमान में...''

मैं देख रही हूँ...!!
तुम मुझसे होटल के कमरे जैसा व्यवहार करने लगे हो
जब इच्छा हुई
थोड़ी देर के प्रवास के लिए आ जाते हो
ये जो आँखों की पुतलियाँ हैं न
जादूगर जैसी
उनको पासवर्ड बना लिया
बस एक बार गहरी आँखों से मेरी आँखों में देखते भर हो
और खुल जाते हैं खट खट खट कपाट मेरे मन के
चाहे जितनी गम्भीर अवस्था में हो अवचेतन
किन्तु तुम्हारे स्वागत को झट से तैयार हो जाता है
तुम्हारी उँगली से उलझते ही मेरी बस एक उँगली

मेरे टच स्क्रीन जैसे मन से
भुला देती है सारी शिकायतें जो जोड़ के रखती हूँ मैं
दिनों दिन तुम्हारी प्रतीक्षा के बोझिल दिनों में
लेकिन ठहरो! सुनो!!
होटल के कमरे जैसा प्रवास नहीं कर सकते तुम

मेरे हृदय का एक स्थान सदैव रिक्त रहता है...
ये निश्चित निश्चिन्त का भवन है तुम्हारा
ये तो सच है कि कम ही हो पाती हैं बातें
और यदा कदा ही सामना होता है हमारा
फिर भी...

एक एक पल को सहेज कर रखती हूँ
उनको भी जो तुम्हारे लिए कुछ विशेष नहीं होते
जिन्हें याद रखने के लिए समय भी तो नहीं
कभी जब बहुत थक कर बैठना
भीड़ भाड़ और चाहने वालों से दूर
मन करे कुछ अलग कुछ नया सुनने का
फिर देखना कितने छोटे छोटे कथानक सुनाऊँगी
निश्चित उनको जोड़ कर एक उपन्यास रच लोगे
ये दावा है मेरा...

लेकिन कोई बात नहीं समय न व्यर्थ करना तुम
मेरी यादों और अभिलाषाओं को उपन्यास बनाने में
मेरे एकाकीपन को बस एकांकी में भी ढाल दोगे कभी
तो भी मैं उल्लसित हो जाऊँगी पुनः
उस दिन मेरा एकाकीपन समाप्त जो हो जायेगा
...उस अभिनय के चलते भी तुम थोड़े समय को ही सही
मुझसे जो जुड़ोगे न
वो तुम्हारे हृदय में भी अगिट चित्र अंकित कर देगा...

समर्पण नहीं है ये निर्मूल

ये आकर्षण की बात नहीं अब,
समर्पण हृदय ने कर डाला।
बहुत कोलाहल रहता था,
शान्त चित्त को कर डाला।।

जो ये तुम में आसक्ति है,
यही दुनिया से विरक्ति है।
तुम्हारा ध्यान जो रहता है,
यही अब ध्यान का साधन है।।

बड़े बेकल रहते थे प्राण,
कर लिया अनुभव ज्यों निर्वाण।
सभी कुछ अच्छा लगता है,
नहीं कुछ अधिक सताता है।।

यदि जीवन में प्रेम हो पूर्ण,
नहीं कुछ लगता बाद अपूर्ण।
बड़ी ही शान्त छटा चहुँ ओर,
लगे नूतन अब हर एक भोर।।

दिवा के स्वप्न नहीं कुछ शेष,
रात्रि की व्यथा रही न अशेष।

प्रेम के पलों की वो अनुभूति,
हृदय मस्तिष्क समान सुनीति।।

सहज स्पर्श से झंकृत गात,
नहीं कहने को अब कुछ बात।
समर्पण में अद्‌भुत उल्लास,
लगे सारा जीवन मधुमास।।

न कोई भय न कोई ग्लानि,
न अब सन्ताप न सुख की हानि।
रहे बस साँसों से सम्बन्ध,
रहे अन्तर्मन से सम्बन्ध।।

हृदय स्पन्दन से सम्बन्ध,
न भौतिक सुख का कोई द्वन्द।
प्राण हैं बंध कर भी स्वच्छन्द,
अलौकिक सुख की है रस गन्ध।।

समर्पण नहीं है ये निर्मूल,
दूर है मन से दुःख के शूल।
विरह वेदना मिलन के फूल,
सभी कुछ भवसागर का कूल।।

हुआ मन दिग्दिगन्त के पार,
कि जैसे भव सागर के पार।
प्रेम है जहाँ अगाध अगाध,
मिलन सर्वदा हेतु निर्बाध।।

और एक तौलिया

कितने आगे आ गये हैं हम
बड़े तेज मशीनी युग में।

अब कुछ भी धीमा अच्छा नहीं लगता
सब कुछ बहुत गति से चलता है
अब भावनाओं की सम्भावनाओं से भी दूर हैं
सब कुछ त्वरित गति से करना नियति है अब
हम बहुत पिछड़ा हुआ अनुभव करते हैं
जब उलझ जाते हैं किसी की भावनाओं के साथ
कभी किसी का दुख सताता है रात दिन
कभी प्रेम में बँध जाता है मन
और हम उलझते साथ उन बन्धनों से
कितने पीछे चले जाते हैं औरों से
अब तो कल्पना से भी परे हो चुका है
वो चिट्ठियों का सहेजना
वो तार या ट्रंक कॉल की राह तकना।

बचपन के प्रेम को यौवन तक सँजोना
और यौवन के प्रेम से आजीवन बँधे रहना
प्रेम का बन्धन तो जीवन का तौलिया हो गया है
जब जहाँ चाहा हाथ पोंछकर फेंक दिया

नये काम के लिए
नया सम्बन्ध, नया तौलिया
फिर से साफ़ सुथरे हाथ तैयार
अनगिनत तौलिये कितनी जल्दी तैयार कर देते हैं
जीवन में आगे और आगे और आगे जाने को
चिट्ठियों के युग से कितने आगे निकल आये हैं हम
सब कुछ तुरत–फुरत के युग में
जो कुछ भी बन्धन बनने लगे
उसे बड़ी सहजता से पीछे छोड़

कि वो आगे दूर तक साथ नहीं जा सकता
तो सम्बन्ध भी कैसे चलेगा साथ

एक डिलीट बटन जैसे दबा देते हैं उसके मन में
बस...
और एक तौलिया जो झाड़–पोछकर पलों में
खड़ा कर देता है
नये रास्तों पर तीव्र गति से चलने के लिए...

मुझे तुम मुझसे चुरा लेना

क्या ऐसा हो सकता है
कभी मैं रहूँ उदास कुछ दिन
आपसे सम्पर्क भी न हो पाये
कहीं कुछ ढूँढ़ न पाऊँ राह
तो चुपके से आ जाना
मैं कहीं बिखरी पड़ी मिलूँ घर में
तब चुपके से बिना बताये
मुझको, इसको, उसको या किसी को
चुरा ले जाना मुझे मुझसे

मैं शायद कहूँ...
पागल न बनो
नहीं ऐसा नहीं हो सकता
मैं ख़ुद सम्भाल सकती हूँ
आप अपने कर्तव्य निभाएँ
कोई जानेगा तो क्या सोचेगा
बस तब समझ जाना
कि मैं पागल होने लगी हूँ कुछ

ऐसा बिल्कुल हो सकता है
मैं सँभलने की ताक़त खो रही हूँ
अपने कर्तव्यों में मुझको शामिल कर लेना

और हाँ... सबसे जरूरी बात
कोई कुछ नहीं सोचेगा बिल्कुल भी नहीं सोचेगा
क्योंकि किसी के पास वक़्त ही तो नहीं
किसी को देने के लिए
किसी को समझने के लिए
तुम जरा सी कोमलता भर देना मुझ में
जरा सी संवेदना भी भरना

प्रेम के कुछ फुहार भी डालने होंगे
क्यूँकि शायद जीवन से उलझते कोमलता खो चुकी होगी
कभी संवेदना नहीं मिली तो कैसे बची रहेगी मुझ में
हाँ, बस इतना कह सकती हूँ
तुम्हारे प्रेम की कुछ बौछारें
कोमलता वापस ले आयेंगी और
छोटे से जीवन को बड़ा बना जायेंगी।।

खाली पन्ना

आप गीत हैं आप छन्द हैं
सुन्दर ग़ज़लों के आप बन्द हैं
रहते हैं, मस्तिष्क में ऐसे, कविताओं के सार हों जैसे
मैं भूली सी, एक कहानी, अप्रतिम, उपन्यास वो जैसे
आपकी जीवन पुस्तक में, मैं छोटी सी एक पंक्ति हूँ
आप मेरे जीवन का स्वर्णिम, चिरजीवी अध्याय बन गये

पुस्तक के खाली पन्नों से हम, यूँ ही पड़े हुए चुपके से
रहते सदा हाशिये पर, हम रद्दी, कामों को समेट कर
कभी कभी कोई लिख देता है नाम और पता
कभी कभी तारीखें और दिन वार लिख दिए

आजीवन कोरा पन्ना एक नत्थी रहा जो मगर
हर उँगली ने उसे बढ़ा आगे, कहीं पीछे और कर दिया
यूँ व्यर्थ का जीवन जी कर भी अस्तित्व बचा इतना

वो जिल्द के पास भी रहता है और गिनती भी रहती है
कोई पढ़ने वाला पुस्तक को कभी जी भर के देखता है
कुछ पल ठिठक के उस पर कुछ सुन्दर सा उकेरता है

सबकी यादों में पन्ने की छाप रहा करती है
किसने किसको किस दिन सौंपा एक याद रहा करती है
हाँ, बाकी पन्ने गढ़े जा चुके कालजयी रचना के
खाली पन्ने को जब जिसने जैसा चाहा बना लिया
हाँ, हूँ मैं आपकी जीवन–पुस्तक की छोटी सी एक पंक्ति
आप मेरे जीवन का स्वर्णिम चिरजीवी अध्याय बन गये।।

प्रेम की निम्बोरी

प्रेम भी नीम के जैसा है कुछ कुछ
बस पहली कोपल मीठी लगती है
और यादें
सुनहरी धूप की रेशमी किरणों जैसी
नित सही समय पर आ जाती हैं मन को सहलाने
हर किरण एक एक याद की परतें खोलती जाती है
हर चमक में चंचल चेहरा दिखता है
फिर पल में गुम हो जाता है
कभी वो हँसता है ठठाकर
कभी गम्भीर का अभिनय करता है
मगर जब मुस्कराता है, उस पल में....

उफ्फ!
सिहरन भर देता है रोम रोम में
उस मुस्काते चेहरे की झलक से भी
चमकार बिखर जाती है
कभी ताज़ी हवा का झोंका लगता है
कभी महक फिज़ाँ में घुलती है
कभी
कभी लगता है काँधे पर रख के सिर
तुम्हारी महक समेट लेती हूँ
हाँ, यही ठीक है...

प्रेम के सुख को दुख में ढलने से डरती हूँ
अब मैं कोई झँझट न रखती हूँ

तुम्हारी सुखद सुनहरी यादों के संग रंगमहल में रहती हूँ
रास रचाती कभी लुभाती यादों को मैं आँखों में भर लेती हूँ
और
फिर दिन भर महकी थोड़ी बहकी
फिर भी चहकी सी फिरती हूँ

अब कड़वी निम्बोरी प्रेम की मुझको विचलित न कर पाती है
ये सूर्य किरण की दिव्य रश्मियाँ
गात पे जादू करती हैं
मन को भी अपनी कोमलता से
स्नेह लेप करती हैं
बड़ा नटखट आलिंगन देती हैं

लगता है कि तुमने खींच लिया
कस कर आलिंगनबद्ध किया
मैं मींच के अपनी आँखों को
स्पर्श का अनुभव करती हूँ
अब कड़वी निम्बोरी प्रेम की
मुझको विचलित न कर पाती है!!

क्यों होती है प्रीत

"किसी से प्रेम करने की कोई वजह नहीं होती
प्रेम तो सिर्फ़ प्रेम है,
यदि वजह है तो वो प्रेम नहीं पसन्द है।।"

लोगों को अक्सर कहते सुना है
कि प्रेम की कोई वजह नहीं होती
क्या लोग इतने नासमझ होते हैं...
...कि बिना वजह किसी को भी प्रेम करने लगें
प्रेम निःस्वार्थ तो हो सकता है पर बिना कारण नहीं

एक कारण तो हर प्रेम में छुपा रहता है
जानते हैं क्या?
मन के मिलने का कारण
हाँ!! ये सच है बिल्कुल सच
बिना मन के मिले किसी से भी
प्रेम हो ही नहीं सकता
चाहे आदतें न मिलें

बोली भाषा लहज़ा न मिले
खान पान या रहन सहन
या धर्म भी दुनिया का कोई भी हो सकता है
अक्सर मतभेद भी हो जाया करते हैं

किन्तु मन...
मन में भेद हो तो कैसे हो सकता है प्रेम
मन ही तो प्रतिकूल परिस्थिति से लड़ता है
मन ही अनुकूल परिस्थिति में खिलता है
मन तो मौन में भी स्वीकृति देता है
जैसे मन के हारने से हार होती है
और जीतने से जीत
वैसे ही होती है
मन के मिलने से प्रीत!!

प्रेम...बड़ा सन्देह भरा है

बड़ी उम्र की
महिलाएँ
प्रेम नहीं कर सकती हैं
उनको करनी होती है
उस घर की देखभाल
जिसे सब
होटल समझ कर रहते हैं।

उन पौधों की देखभाल
जिनसे घर जीवन्त लगता है
उन तस्वीरों की झाड़पोंछ
जिनसे घर चहका हुआ लगता है
उन बेजान मूर्तियों की सज–धज
जिनसे घर अद्भुत लगता है।

प्रेम कहाँ कर सकती है वह
उसे निभानी पड़ती हैं
रस्में वे वाली सब
जो सिर पर धारी हैं
कुछ माँ से

कुछ उन्ही जैसों से
जिन्होंने गढ़े नियम
उस प्रेम के
जिनमें उलझा कर कह सकें कि
वो देखो
उसके जीवन में
कितना प्रेम भरा है

हाँ! देखो यह प्रेम ही तो है,
पति उसके हाथों से इतर
कहीं फुलके न खाये
प्रेम की धुन में
अपनी प्रिय हर जगह संग ले जाये

अपनी इच्छा के गहने कपड़ों से सजाये
चाहे जितने दिनों बाद भी घर को लौटे
जब तक घर में रहे उसी की टेर लगाये
बच्चे उसके हाथों के व्यंजन चट कर जायें
सास–ससुर उसके बिन अपनी दवा भी भूलें
बड़ी ननद देवर जेठानी
भाई–भतीजे और पड़ोसन
सभी के वह तो
मन की रानी है।

और चाहिए कितना प्रेम
भला बोलो तो
आवारा से फिरना भी

कोई प्रेम भला है
मुक्त कण्ठ से गीत निकलना
प्रेम भला है
अपना जीवन अपनी इच्छा
इसमें तो सन्देह भरा है
इतनी उम्र पर आकर्षण,
सन्देह जरा है।

अब तक तो चेहरे का कंचन
दिल में भर जाता है
उसके चेहरे का कंचन
चेहरे से झलके
यह सन्देह भरा है

बाईस की कमनीयता को
वो दो दशकों से सँभाले है
इतने झंझावातों पर भी
तिरछे नैनों में जादू है
अभी भी कर देती सुगन्ध बेकाबू है
पास बैठकर उसके चैन अगर आता है
उसको कभी किसी का संग अगर भाता है

अब वो बड़ी उम्र की महिला है
अब भी
प्रेम की खोज में
बड़ा सन्देह भरा है
अब भी गा सकती है गीत

बड़ा सन्देह भरा है
रंग बिखेरे चित्रों में
सन्देह भरा है
उसमें अभिव्यक्ति की कामना
सन्देह बढ़ाए
उसकी आकर्षक छवि ही सन्देह बढ़ाये
चहारदिवारी के बाहर क्या ढूँढ़ने निकली?
अब भी कुछ कम है
यक्ष प्रश्न सन्देह भरा है।।
अब वो बड़ी उम्र की महिला है
अब वह
प्रेम नहीं कर सकती है।।

आखिर कब तक

अक्सर
शब्द तो भुला देती हूँ
पर अर्थ याद रह जाते हैं
और इसे भूलने में
असमर्थ रहती हूँ सदा
बस यही दुःख का कारण होता है

अक्सर क्या करूँ
अभी नहीं गयी है स्मरण शक्ति
नहीं भूल पाती
छोटे–छोटे पलों को
जिनका नहीं होता है
कोई हल
करते रहते हैं
बहुत समय तक बेकल

कैसे भूलें मन अपनी
सही बातों के ग़लत अर्थ
सही बातों पर ग़लत प्रतिक्रिया
और सही कामों के भी
दुष्परिणाम

बार–बार टूटता है मन
बार–बार दुःख की ज्वाला में
जलता है मन
ऐसे दुःखता है जैसे
कई बार टूट गया हो तन
जब जीवन के बड़े हिस्से में
हों ऐसी बातों के गढ़
तो रह जाता है
पूरा जीवन अनगढ़!

काश ! कभी हम अपने लिए

काश !
कभी हम अपने लिए
बहुत ढेर सारी बातें करते हैं
सब काम की नहीं होतीं
फिर भी बेकार भी तो नहीं होतीं
बस कभी कुछ बोलते रहना
और कभी कुछ सुनते रहना

जो बस हमारे बीच रहता है
मधुर, मध्यम संगीत जैसा लगता है
और जब शान्त
एकान्त होता है बीच में
तो लगता है
इसके एक–एक शब्द को
कई–कई बार सुनें

शायद ऐसा ही कुछ
ढूँढ़ रहे थे अनजाने में
क्या एक बार
किसी दिन मेरे साथ उड़ोगे?
दूर आकाश में

एक बड़े तूफ़ान के साथ
कह कर दूर
निकल जाने का मन है
बड़ी उबन होने लगी है

नियमित काम और
निश्चित दिनचर्या
से घबराहट
एक दिन तो क्रम टूटेगा ही
हम अपने लिए क्यों नहीं तोड़ पाते
थोड़े से भ्रम
बड़े प्रयास, बड़ी प्राप्तियाँ, बड़ी बदनामियाँ
और बड़े नाम
ये किसने तय किये
जीवन के लक्ष्य

कुछ पल अपनी इच्छा से
अपने लिए जीने में ही
सारी अड़चनें क्यों हैं?
काश! किसी दिन ऐसा तूफ़ान भी आये
बड़ी दूर तक
साथ–साथ जो हमें उड़ा ले जाये
चलो किसी दिन अपने लिए
हम कोई तूफान बनाएँ
काश!
कभी हम अपने लिए कोई तूफान बनाएँ...।

सहयात्री

जानते हैं
क्यों बता दिया
आप मेरे अन्तर्मन में उतर गये हैं
मैं ऐसे प्रेम को
जीना चाहती थी
जो बस मैं अनुभव करूँ
अपने मन, प्राण, हृदय से
जिसे बस मेरी दृष्टि ही देख सके
न हो किसी के दृष्टिकोण का कोण
जिसमें लेन, देन, अधिकार
बस प्रेम हो
वो प्रेम जो सदैव छूकर मन को
निकलता रहा हवाओं में
मोहक सुगन्ध सा बिखरा
जो कभी पकड़ में नहीं आता
और उसके पीछे
भागना भी असम्भव
फिर भी समय ने
आपके रूप में उससे रंग दिया मुझे
अब मैं प्रेम के रंग में रंगी
सुगन्ध में बँधी

बहुत शान्त अनुभव करता है मन
और खिला खिला सा तन
अब नहीं सौंपना चाहती किसी को
अपनी यात्रा का टिकट
कभी जो मुट्ठी में दबाये
मन को दुःखाये
छोड़ आयी थी दूर
पुनः मिल जाना
यह अवसर है जीवन का एक प्रत्युत्तर
मिला ज्यों प्रेम यात्रा का टिकट
जो मिलना एक बार भी विकट
बस इसीलिए कह दिया
रहेंगे अब हम सह यात्री
कि जैसे नये प्रेम यात्री।।

बड़ी उम्र का प्रेम

क्यों हो जाता बड़ी उम्र की
स्त्रियों को भी प्रेम
क्या यह भी कोई समय होता है
प्यार करने का
कितने कामों का बोझ
होता है सिर पर फिर भी
हाँ फिर भी
हो जाता है बड़ी उम्र में प्रेम

क्योंकि ये शत प्रतिशत सत्य है
प्रेम उम्र, समय, जाति, सुन्दरता
सुविधा–असुविधा नहीं देखता
बस हो जाता है

उसे कुछ चाहिए भी नहीं होता है अधिक
कोई वादा न कोई दावा
यह सचमुच विशुद्ध प्रेम ही होता है
किसी ऐसे व्यक्तित्व से
जो उसके व्यक्तित्व को समझे
उसे सम्मान दे
उसके कार्यों या प्रयासों को बस

समझ भर ले
इतना ध्यानाकर्षण होना भी
प्रेम का बीज बो देता है मन में

बड़ी असहज परिस्थिति का सामना
होता है कई बार
प्रेम से न दृष्टि हटती है न मन
फिर भी निभाने होते हैं कर्तव्य
ढेरों निरन्तर लेकिन
फिर भी हर समय अपने प्रेम में तल्लीन स्त्री
बिना किसी आशा के
व्यस्त रहती है अपने निर्धारित कार्यों में
किन्तु एक अन्तर
अब दृष्टिगत होता है
वह उदासी छोड़ मुस्कराना सीख लेती है
ये निश्छल मुस्कान भी
बड़ी उपलब्धि है जीवन की
कुछ भी पाने–खोने के भय से दूर
अपने ऐसे प्रेम में मगन
जिसे वह कभी पाने की नहीं सोचती
फिर भी समर्पित

कभी किसी से जिसे व्यक्त नहीं कर सकती
फिर भी आशान्वित
कभी साथ बैठ कर
कुछ पल बिताना भी कठिन
फिर भी राह तकती
क्योंकि इस राह तकने में
वह भूल जाती है

वर्षों की पीड़ा, वर्षों की थकन
जीवन भर की कुढ़न
अब कभी–कभी दर्पण को देख
सँवारती है ख़ुद को
निहारती है ख़ुद को
फिर निखर जाती है नयी नवेली युवती सी
किन्तु मन की गम्भीरता
निखार देती है व्यक्तित्व वाणी और व्यवहार को

अद्‌भुत संयोग से अद्‌भुत रूप निखरता है
अपने प्रेम के साथ मन के मिलन का
अद्‌भुत विहंगम संगम
प्रेम में खो जाने का सन्तोष
जीवन की सर्वोच्च उपलब्धि
प्रेम भर देता है
नस–नस में नयी ऊर्जा, नयी स्फूर्ति।

ये कैसा सम्बन्ध

कितने सम्बन्ध निभाये हैं
जीवन के पग–पग पर
लेकिन
तुमसे हुई मित्रता क्यों

कटघरे में खींची गयी मित्र
तुमसे बातें क्यों सोचनीय
मन की कहन क्यों दण्डनीय
तुम संग हँसने में जीवन है

ऐसा सुन्दर संग वन्दनीय
मर्यादा हर सम्बन्ध की पूरित
करते आये अब तक
जब कुछ क्षण अपने से जीने में

तुम से मिलना क्यों हीन मित्र
तिल–तिल जलना ही संस्कार
मन व्यथित रहे तो सदाचार
क्यों निश्छल हँसी निराश्रित है

क्यों मुस्कानें बन्दीगृह में
लावा जैसे शब्दों में घिरी
जीवन दावानल लगे मित्र
मुझको तो तुम सँग बीते पल
शीतल प्रपात से लगे मित्र

नहीं था बच्चों का ये खेल

समझा गया था इसे
बच्चों का खेल
तुम्हारा मुझसे मिलना
तुम्हारा मुझसे मिलकर खिलखिलाना
तुम्हारा मुझसे मिलने के लिए जुगत करना
तुम्हारा मेरे लिए सब कुछ छोड़ देने का निर्णय
तुम्हारा मेरे लिए अनवरत प्रेम
जो वर्षों में कभी कम न हुआ
उसे समझा गया था
बच्चों का खेल।

क्या यूँ ही कोई किसी से मिलता है
क्या यूँ ही रोम–रोम खिलता है
क्या यूँ ही कोई
किसी के लिए बेचैन होने लगता है
क्या यूँ ही दुनिया की किसी भी प्राप्ति से
प्रेम ऊपर होता है
क्या यूँ ही वर्षों राह तकता है कोई किसी की
दिन–प्रतिदिन प्रति पल अपलक
उसे भी समझा गया था
बच्चों का खेल।

अब जबकि तुम नहीं हो साथ
अब जबकि मेरा मुझ से
बहुत कुछ छूट गया
अब जबकि खिलखिलाते ही
आँखें भर आती हैं मेरी
अब जबकि कजरे की धार में
आँखों की सूजन नहीं छिपती
अब जबकि मन की बेचैनी
चेहरे से ही छलकती
उस अपूर्ण प्रेम के भीतर
समाहित पूर्ण प्रेम को भी
समझा जाता है
बच्चों का खेल।।

स्टेपनी जैसे रिश्ते

बड़ा विचित्र सा लगा सुनकर
स्टेपनी जैसे रिश्ते
कई बार न चाहो पर
हर मोड़ पे हाथ मिलाते हैं
जाने क्यों मिल मिल जाते हैं
स्टेपनी जैसे रिश्ते

कोई हाथ बढ़ाए न और
पैर भी पीछे जाते हैं
फिर भी आगे आ जाते हैं
स्टेपनी जैसे रिश्ते

कभी चीर हृदय रख जाते
कभी विरह व्यथा भर जाते
प्रज्ज्वलित अग्नि कर जाते हैं
स्टेपनी जैसे रिश्ते

व्यापार वेदना का अपनी
भ्रमजाल में पसरा जाते हैं
मनहर मुस्कान सजाते हैं
स्टेपनी जैसे रिश्ते

अपना एकाकी दुःखता है
एकांत किसी का छलते हैं
फिर द्वन्द्व की भूमि सजाते हैं
स्टेपनी जैसे रिश्ते

निर्द्वन्द्व छोड़ जब जाते हैं
फिर मस्त कहीं रह जाते हैं
न छोड़ सके कोमल मन फिर
स्टेपनी जैसे रिश्ते

जो कभी ही चाहिए होता है
पर साथ लटकता होता है
ये गाड़ी के वो पहिये हैं
स्टेपनी जैसे रिश्ते

कभी हम भी ज़रूरी होंगे तो
कभी हमसे भी काम रहेगा तो
बस यही सोच रह जाते हैं
स्टेपनी जैसे रिश्ते

हाँ, लौट–लौटकर आते हैं
जब स्वयं अकेला पाते हैं
तब पहिया इसे बनाते हैं
स्टेपनी जैसे रिश्ते

कब तक पड़े रहे बेसुध
कब तक रहे मूर्छित भी
फिर धूल झाड़ चल जाते हैं
स्टेपनी जैसे रिश्ते

संवेदना से जुड़कर भी
क्यों काल कलंकित कर जाते
अपने अपने में पराये हैं
स्टेपनी जैसे रिश्ते

बड़े पुरातन छद्म आवरण
नये भी न कहलाते हैं
अनछुए भी रह–रह जाते हैं
स्टेपनी जैसे रिश्ते

आसमाँ में चाँद

उन दिनों दिन कितने अच्छे थे
कि था जब चाँद ऊपर आसमाँ में

धरती पर थे वृक्ष, नदियाँ, पंछी, पर्वत
झील, उपवन, मीठे झरने और घने वन
वो हवाओं के झकोरे और सितारे शान
था जब चाँद ऊपर आसमाँ में

आग, पानी, धरती, अम्बर, सूरज
चाँद और सितारों की
वो महफिल था, सभी कुछ
हम थे सजदे में यहाँ ख़ुश
था जब चाँद ऊपर आसमाँ में

इन्सान की इन चाहतों ने और ज़्यादा
और ज़्यादा और ज़्यादा की ललक ने
जब धरा को चूस डाला
सेंध मारी आसमाँ में

यह ठीक है कि
जानने की हमको है आदत
और हक़ भी है
सब कुछ जानने का
पर नहीं है ठीक कि
हम चीर दें धरती और निचोड़ें
चाँद ऊपर आसमाँ में

सम्पूर्णता

एकदम अचानक,
अचकचा गयी मैं
जब एक दिन उसने
हाथ खींच कर सीने से
लगा लिया भींच कर

घबरायी हुई साँसें मेरी
इस अजनबी को
उतार ले गयीं अन्तस्तल में
बैठा कर सलीके से फिर
पूछताछ की थोड़ी,
और पहचानने की जुगत भी थोड़ी–थोड़ी
जितना ही दूर जाना चाहती
उतनी ही और खिंचती जाती
और वह चुम्बक की तरह
खींचने में सफल हो गया एक दिन
जिस मन में पूछताछ के लिए ले गयी थी
वह उसका अधिकारी होकर बस गया

जिन हाथों को छुड़ाने का
असफल प्रयास किया था
फिर उसे सौंप दिया
और
समर्पण कर दिया उस मन ने
जो अब तक निश्छल प्रेम की
बूँदों की बाट जोह
थक हार निराशा में
जीना सीख गया था
आशाओं की सूनी वेदी के
शान्त चीत्कार की बुझती चिनगारी को
स्नेह का स्पर्श दे
प्रज्ज्वल अग्नि बना देने में
वह सफल हो गया

आलिंगनबद्ध हो
जो ढुलक गये अश्रुबिन्द काँधे पर
सब अपने आँचल में छिपा,
मेरे नयनों को नयी दृष्टि दे
सूखे की चपेट में आये जीवन में
सान्निध्य की वर्षा से
हरियाली के स्वप्न सजाये
प्रेम की वर्षा से हरित हो गये
तन मन और जीवन

हाँ! था यह समर्पण अथाह
उनका
जो मुझे जानने के लिए
बेझिझक किया गया
बाँध गया मुझे
सदा–सदा के लिए
प्रेम का ये विचित्र और दुर्लभ प्राप्य
आत्मा को स्पर्श कर गया
विरक्त कर गया हर बन्धन से
और जीवन में भर गया
असीम सौन्दर्य और सम्पूर्णता

अक्सर ऐसा करती हूँ

जब मन की असह्य पीड़ा
मस्तिष्क में समाने से कर देती है इनकार
तब उसे मैं अपनी
रग–रग में भर लेती हूँ

जब तक हाथ सुन्न हों
पीड़ा का अहसास न भूलें
तब तक करती हूँ काम
कभी बेकार तलक

जब तक पैर सुन्न हों
पीड़ा का उपहास न भूलें
तब तक नित चलती हूँ
क्षितिज के पार तलक

जब थक जाते हैं नयन
जोहते बाट नींद को भूलें
बिखरे चिड़ियों का गीत
न चूमें कान तलक

पतझड़ या मधुमास के
सारे भेद हृदय को भूलें
बिसरे एक–एक पल
देखूँ अँधियारे में अपलक

मैं भी...

जाने मैं भी क्या—क्या
रफू किया करती हूँ

कभी उधड़ा सा
कोई मखमली रिश्ता
आँसू के धागों से
रातों की नींदों से
चमकीली मुस्कानों से

कभी मन की सुई
सीती है उम्मीदों के कुछ पैबन्द
बेमेल सही पर
फिर भी जड़ती हूँ
जाने मैं भी क्या—क्या
रफू किया करती हूँ

कभी उजड़े से कुछ सपने
आँखों को छलते से
गालों पर ढलते से
घनघोर अँधेरे में भी
धीरज दीप सुदीप्त प्रखर है
जो सांसें बुना करती हैं
वो जाल कतरती हूँ
मैं भी जाने क्या–क्या
रफू किया करती हूँ

प्रेम में विकल्प नहीं

हाँ, मुझे कोई ग्लानि नहीं
कोई लज्जा नहीं
प्रेम कोई लज्जा की वस्तु नहीं
ये तो एक अनुभूति है
जो सबको नहीं होती

बड़े गहरे मन में
चाहत बसती है
अच्छा–बुरा, नया–पुराना
इसका–उसका, मेरा–तेरा
कुछ भी याद नहीं रहता
जब प्रेम में डूबता है हृदय
फिर कोई विकल्प नहीं रहता
सच तो ये है
कि उबरने की चाहत ही नहीं रहती
डूबना, डूबना और डूबते जाना
कभी न उबरने में ही सन्तुष्टि

प्रेम में विकल्प नहीं रहता
न सोचने का, न समझने का
न ही समझाने का
बस अन्तिम इच्छा ही होती है
सदा–सदा प्रेम में डूबे रहने की

तुम से प्रेम
कभी विकल्प नहीं रहा मेरे लिए
जब प्रेम होता है
फिर विकल्प नहीं होता
बस यही अखरता रहा सदा
मेरा विकल्प बन रहना
वह भी उस प्रेम में
जिसमें तुमने डुबोया था

कलाकार

चित्र–विचित्र रहेंगे जग के
जब तक तम में कलाकार हैं

युगद्रष्टा युग हेतु प्रवक्ता
सूक्ष्म दृष्टि से हेतु निरखते
संस्कृति और सभ्यता का रुख़
मन भावों से क्षण क्षण गढ़ते

इतिहासों का मान बढ़ाने
वर्तमान का त्याग भी करते
अविरल निर्झर कला लिये वह
निर्झरिणी से पावन
कलाकार हैं
हम कलाकार हैं

बोनसाई

बोनसाई क्या है
एक लहलहाने वाले वृक्ष को
अपनी आँख के कोर जितनी जगह में रखने की कला
हाँ, उगते ही
एक सुन्दर नन्हे वट वृक्ष के अंकुर को
थोड़ा कम पानी देना
जीने भर की धूप देखने देना

फिर भी उस चंचल वृक्ष के दुनिया देखने की
अदम्य इच्छा के चलते
जल्दी–जल्दी नये कोमल–चमकीले
पत्तों का निखर आना
कभी उसके भागते विकास के
बड़े पातों को निर्ममता से तोड़कर रोक देना
कभी अधिक शाखाओं के उद्गम को ही
भ्रूण की भाँति नोच देना
फिर खाद पानी को धीरे–धीरे
कम और कम करते जाना ताकि
साँसें चलती रहें उस वट की बस

फिर भी उसकी जड़ों का
सीमित स्थान से सामंजस्य न बैठने पर
उन जड़ों को ही वृक्ष से अलग कर देना
एक वट वृक्ष खुले आसमान के नीचे
धरती की गोद में सैकड़ों वर्षों तक
जीवन, वायु, छाँव, नयनों को राहत
राहगीरों को विश्राम, पक्षियों को महल
और समय–समय पर दुर्दान्त मानव को
दहन हो भी जीवन देता
हज़ारों लाखों या फिर
करोड़ों फलों, बीजों, नयी पौधों का संहार
तब जाकर कहीं बनता है
एक विराट वट का बोनसाई

एकदम ऐसे ही बना
प्रेम वट का बोनसाई
कौतूहल होता है न
प्रेम का बोनसाई
हाँ, प्रेम के वट का बोनसाई
जैसे ही मन में उगा
कम कर दिया साथ का जल
फिर कम की स्नेह की ऊष्मा
कभी तोड़े मिलन की
इच्छाओं के चमकीले पात
कभी सान्निध्य को उमड़ी
चंचलता की कोपलें मसली
और फिर अटूट सम्बन्ध की जड़ों पर

किया प्रहार ताकि जड़ें
कहीं अधिक गहराई में जाकर
प्रेम के बोनसाई का सुन्दर दिखावटी रूप
न बिगाड़ दें
किन्तु प्रेम वट का बोनसाई
तो सजावट भी नहीं बन पाता
आँख के कोर जितनी जगह भी
नहीं लेता बस हृदय, मन, मस्तिष्क को
उसकी जड़ें, कोपलें, शाखें, फल, बीज
सब कुछ घेरे रहती हैं
बनावट, दिखावट, सजावट भी नहीं
सबसे व्यर्थ है यह
प्रेम की कृत्रिम दुनिया

लॉकडाउन

सैकड़ों–हज़ारों साल पहले से
चुन रखा है अपने लिए
लॉकडाउन
सब कुछ चहारदीवारी में ही ढूँढ़ती आयी हूँ
तुम्हारी हर प्रसन्नता में होंठ मुस्काये
तुम्हारे हर दुःख में आँखें रोयीं
तुम्हारे बीजों को अपने रक्त से सींचती
और उनके वृक्ष बनने को देख
स्वयं को सृष्टिकर्ता समझ
पुलकित होती
समेट दिया स्वयं को
तुम्हारे ईंट पत्थर की दीवारों को
घरौंदे में बदलने तक
बस इतना ही तो तुम चाहते थे
तुम्हारी वंश वृद्धि को सुनिश्चित करूँ
तुम्हारी माँ जब अशक्त हों तब
तुम्हें उनकी कमी न लगने दूँ

जब तुम बाहर से थक के लौटो तो
कर्तव्यपरायण दासी सी उपस्थित हो जाऊँ
क्योंकि मैंने चुनी थी चहारदीवारी
तुम्हें सुविधाएँ देने के लिए
मेरा कर्तव्य था कि बाहर तुम्हारी
सदैव जीत के लिए सही मन्त्रणा दूँ
तुम्हारी सुरक्षा के लिए दिन रात प्रार्थना करूँ
ताकि मेरा भविष्य भी सुरक्षित हो

मेरे भविष्य को सुरक्षित रखने के दम्भ ने
कब मेरी स्वतन्त्रता छीन ली
तुम्हें तो आज भी इसका भान नहीं
तुमने मेरे शरीर पर अधिकार क्यों स्थापित किया
जबकि तुम्हारे प्रेम में मैंने चहारदीवारी चुनी
तुमने मेरे पंख क्यों कतरे
जबकि तुम्हारे प्रेम में मैं उड़ना भूल गयी
मेरी ही स्वतन्त्रता
क्यों तुम्हारी प्रतिष्ठा और मान बन गयी
मैं तुम्हारे प्रेम और उन्नति में
जीवन भर प्रसन्नता ढूँढ़ सकती हूँ
तुम मेरे निरीह होने पर
पुलकित क्यों होते हो
बस ये सहन नहीं होता

सम्भवतः ये भान है
मेरी स्वतन्त्रता तुम्हारा अस्तित्व
संकट में ला सकती है

इसलिए इसे
अपने मान और मर्यादा की दुहाई देकर
मेरे चुने हुए लॉकडाउन को
दोहरे ताले में बन्द कर दिया
क्यों तुमने कभी
मेरे जीवन में लगे लॉकडाउन का अनुभव नहीं किया

बहुत आगे बढ़ गयी थी दुनिया
चाँद तारों के पार जाने लगी थी
पर नींव की ईंट को अनदेखा करके
शायद ये प्रकृति से भी सहन नहीं हुआ
और उसने मूक रह कर
अपनी शक्ति का अनुभव कराया है

प्रेम की दो बूँद

जिस प्रेम ने
देह को नहीं बाँधा
जिस प्रेम की किंचित बूँदों में
देह को विसर्जित करने की क्षमता थी

जिस प्रेम ने एक नया
सुन्दर संसार रच दिया हमारे लिये
जिस प्रेम को किसी लोभ ने नहीं
वरन नैनों के आकर्षण ने
हृदय में पिरो दिया

अमृत के समान उन बूँदों को
मैं नित्य स्पर्श भर करती हूँ बस
ताकि वे थोड़ी सी बूँदें
कहीं गुम न हो जायें
जो संजीवनी हैं
जगह–जगह नहीं पायी जाती
इसके लिए चढ़ने पड़ते हैं

धैर्य के दुर्गम पर्वत
कोसों उड़कर जाता है मन
तब कहीं दो बूँद प्रेम की संजीवनी
मिलती है जीवन में

इन्हें मैं तो नहीं खोने दूँगी
और तुम भी
कभी इतने लापरवाह न हो जाना
कि छलक कर कहीं
धूल धूसरित हो जाये
प्रेम की ये दो बूँदें

मैं कौन...

कौन हूँ मैं

कोई आतुर रहता है
कोई आश्चर्य में रहता है
कोई संदिग्ध दृष्टि से तड़ता रहता है
मैं सब कुछ जान कर
कभी न जान कर भी
अनभिज्ञ ही बनी रहती हूँ
अनभिज्ञ होने में ही
सबसे बड़ा ज्ञान है मेरी दृष्टि में

बार–बार हर बार
नयी चोट, नयी पीड़ा
हर बार असहनीय दुःख
छूटने लगा है साहस
सब कुछ सहने का
यह विडम्बना ही तो है

जिन गुणों को मुझसे जोड़कर देखा जाता है
वो मेरे अन्तस में कहीं नहीं
बहती है मेरे भीतर अथाह प्रेम की रस धार

जीती है टैगोर की चंचल स्वाभिमानी नायिका
जीते हैं 'रवीन्द्र' के संगीत जैसे
कोरे उज्ज्वल प्रेम गीत
जीता है प्रेम का क्षीर सागर

क्या कई गुना प्रेम पाना इतना दुष्कर है
क्या कई गुना प्रेम देना मूर्ख निर्णय ही रहेगा
क्या प्रेम में खोकर प्रेम को पाना छलावा ही रहेगा
मुझ में राधा और मीरा सरीखा प्रेम तो ढूँढ़ा
किन्तु मेरे समग्र व्यक्तित्व को
समझने वाली दृष्टि को
मैं ढूँढ़ रही हूँ

मेरे भीतर के कृष्ण को नहीं पहचान सका कोई
हाँ! राधा के वेष में कृष्ण को
अन्तस में बसाये फिरती हूँ
एक प्रेम की दृष्टि को
कभी अनदेखा नहीं कर पाती
बार–बार आहत होती हूँ
मैं कृष्ण सी ही तो हूँ

कालजयी कर्मयुद्ध के बाद भी कोपभाजित
आवश्यक धर्मयुद्ध के बाद भी शापित
धन्यवाद गोविन्द
अपना अंश मुझे सौंपने का

चिरनिद्रा

मेरा तन और मन
मुझे जीने नहीं देता
मेरी आत्मा और मेरे दायित्व
मुझे मरने नहीं देते

इस जीने मरने के बीच
झूलते जीवन में
एक छुपी हुई चिनगारी को
हवा दे गये तुम
लेकिन राख का बोझ बहुत था
चिनगारी एक बार फिर सुलगी–चमकी
लेकिन राख जीत गयी

चिनगारी की चमक मायाजाल सी थी
शोला बनने की काबिलियत खो चुकी थी
राख के बोझ में
चमक सदा के लिए दम तोड़ गयी

हाँ, ठीक रहा यह भी
सुलगती चिनगारी को विराम तो मिला
आत्मा जीने की चाह से मुक्त हो गयी
दायित्वों को समर्पित हो गयी

मान–सम्मान, अपमान, स्वाभिमान
सब कतरा–कतरा बह निकले
बचीं भावनाएँ भी
बाट जोहते बेरंग होकर एकदिन
चिर निद्रा में लीन हो ही जायेंगी

एकाकी मन

एकाकी हूँ दिखता नहीं
एकांत रहता है रुकता नहीं

एकाकी और एकान्त के बीच झूलता जीवन
मन और जीवन के संघर्ष की नयी कथा
लिखता है नित्य निरन्तर अविराम
ऐसी कथाओं का भण्डार हो गया जीवन
मन के अनन्त आकाश में
विचरते विचारों के विचरण को
मन की गहराई में ले जाना
कठिन ही नहीं
दुष्कर भी होता है दिखता नहीं

एकान्त खींचता है बार–बार
अपने अन्तर में
किन्तु प्रतिबद्धताएँ अपनी उपस्थिति के साथ
मार्गदर्शन करती रहती हैं
और नित नये आयाम गढ़ती हैं जीवन के
विचारों की कार्यशाला
समझाती तो बहुत है पर नहीं समझती

एकाकी और एकान्त की दुविधा को
जो बड़ी कठिनाई से मिलती उस सुविधा को

एकान्त के दुर्ग को बार–बार भेदते हैं एकाकी के बाण
और पिंजरे में फिर–फिर फड़फड़ाते हैं प्राण
जैसे ही एकान्त की गोद में
विश्राम पाता है मन
एकाकी जीवन खलनायक की भाँति
झँझोड़ कर उठा के थमा देता है
नयी सूची बेमन के कामों की
निश्चित प्रारब्ध के वार, बिना हथियार
कभी खण्ड–खण्ड, कभी तार–तार

हम रेतों में नमी भरें

तुम्हारी प्रतीक्षा
और ये कशमकश
हम थक कर मुस्करा लेते हैं
जब हम रो नहीं पाते
जागते रहना यादों में
अब अच्छा लगता है

इन्तजार से भरी हैं आँखें
अब ये नींदें कहाँ रहें
पूछ रहे थे तुम जो मुझमें
क्यों कर इनमें उलझ गये
एक ख़ुशी से भरा है दिल
अब ग़म चाहें कहाँ रहें

इन्तजार से भरी हैं आँखें
सदियों जैसे दिन कटते हैं
रातों की न बात करो
कितनी उम्र के दिन बढ़ते हैं

अब हम सोचें कहाँ रहें
इन्तजार से भरी हैं आँखें
नींदें इनमें कहाँ रहें

झरना, झील, समन्दर, दरिया
अब जो चाहे जहाँ रहें
वीरानी रातों को पालें
हम रेतों में नमी भरें

तुम हो कौन

खिल उठे प्रस्तर, है झंकृत मौन
तुम हो कौन
हैं उद्‌गत पुष्प, बिखरी धूप
सुरभित गात, चंचल प्रात
दमका रूप दिव्य अनूप, न मन है ठौर
तुम हो कौन

पल्लवित प्रस्तर, सुवासित
हो प्रखर प्रज्ज्वल प्रकाशित
प्रिय का अरुणिम रूप क्यों सिरमौर
तुम हो कौन

अवधारणा से भिन्न, मुखर
शब्द भेद अभेद्य, नव सप्तक,
गढ़े नव राग, नव अनुराग, गुंजन और
तुम हो कौन

निशा के शेष अवशोषित
व्यथा के भान भी शोषित
चीर प्राची रेख स्वर्णिम, अब प्रशस्त है पौर
तुम हो कौन

चिट्ठी

किसी उत्तर या प्रत्युत्तर की आशा क्षीण
फिर भी मैं लिखा करती हूँ चिट्ठी
वेदना के शूल कतिपय भूल
सुख निर्मूल फिर भी
मैं लिखा करती हूँ चिट्ठी

तार जुड़ संवेदना के
वेदना हर लेंगे उस दिन
समय से झकझोर कुछ पल
गिर पड़ें अंचल में जिस दिन
क्षितिज से है वचन होगा
मिलन इस सुन्दर सपन
पूरन की आशा क्षीण फिर भी
मैं लिखा करती हूँ चिट्ठी

भंजना भावों की होगी
उन करों से कैसे मानूँ
व्यंजना प्रस्तर हृदय को भेद
अन्तस्तल में पहुँची कैसे जानूँ
गहन साधक मन विचारक ढूँढे जैसे पारब्रह्म
अनन्त की आशा क्षीण फिर भी
मैं लिखा करती हूँ चिट्ठी

प्रेम का उपन्यास

अच्छा ही हुआ आप नहीं आये
अच्छा हुआ आज ही भ्रम टूट गये
भ्रम जैसे नासूर जल्दी जाते नहीं जीवन से
मैं अच्छा भाग्य लिये हूँ

मुझे भ्रम के भँवर से
निकलने का सौभाग्य मिला
जानते हैं आज एक साथ
कई ऋण चुका लिए मैंने
चौंक पड़े न आप
जी हाँ, सही समझे ऋण
आज मैंने कई ऋण चुका लिये

एक ऋण उनका चुकाया
जो आजीवन मुझे
चाहते रहे, सराहते रहे
मेरे एक पल के साथ के लिए
जो अनवरत अपनी साँसें
फूँकते रहे एकान्त में
पर मैं दुनियादारी में बँधी
चाह कर भी कभी प्रेम स्वीकार न कर सकी

पर चाह दोनों ओर अथाह थी
उसे लड़कपन कहा मैंने दोनों का

आँखें आँसुओं से भर ओझल कर दिया था जीवन से
एक ऋण उनका चुकाया
जो हमेशा मुझसे साथ माँगते रहे
और मैं उनके आगे आपसे प्रेम स्वीकार कर
हाथ जोड़ विनती कर
हाथ छुड़ा आयी
आप जीवन में आये
कोई ऐसे मुहूर्त में कि
मैंने प्रेम स्वीकार लिया

क्योंकि जो कुछ छोड़ती आयी थी
अब नहीं छोड़ना चाहती थी
थक गयी थी
थोड़ा विश्राम चाहती थी
उथल–पुथल से मन की
पर भूल गयी थी कि
जिन्होंने मुझ से प्रेम स्वीकारा था
उनकी ऋणी हूँ
आख़िर उन्होंने भी तो
मुझसे प्रेम स्वीकारा था
बस यही तो दोष था उनका

तब मैं असमर्थ थी
आज आप असमर्थ हैं
मेरे प्रेम को स्वीकार करने में
अच्छा हुआ अब ये सत्य भी तो हो गया

कि उन्हें मुझसे वही प्रेम रहा था
जो मुझे आपसे है
जीते जी इतना ऋण मुक्त होना भी
बड़ी उपलब्धि है

आज मन भारी नहीं है
क्योंकि प्रेम में प्रेम न दे सकना भी
तो ऋण ही हुआ
प्रेम में प्रेम पाकर तो प्रसन्न होना
प्रेम खोकर हृदय विदीर्ण होना भी
स्वाभाविक है
परन्तु प्रेम में प्रेम न पाकर
ऋण मुक्ति भी होती है
ये आज मुझे भली भाँति ज्ञात हो गया
और इससे भी अच्छा यह कि
आप इस प्रेम में
प्रेम की पीड़ा से बचे रहे

क्योंकि ऋण मुक्त हूँ
पर अभी इतना ध्यान बाकी है
कि आप किसी पीड़ा में न रहें
अभी भी प्रेम की पीड़ा स्वीकार है
परन्तु आपको पीड़ा हो
यह स्वीकार नहीं

जो केवल मेरा हो

जानते हो क्या
यह अद्भुत सत्य
मैंने आज तक किसी को
छोड़ा नहीं, बस अपनाया है

जन्म के लिए जिस घर को अपनाया
उसने कहा अब समय तुम्हारा पूरा
जीवन जिसके लिए जीती हूँ
उसे यह अधिकार है कि
वो मुझे अपना समझे और
ये मेरा कर्तव्य है कि सदा को उसकी रहूँ

जीवन में आने वाले हर चरित्र का साथ निभाया
जीवन से जुड़ने वाले हर मित्र का स्वागत किया
जीवन की हर कठिनाई को संगीत किया
लेकिन न जाने ऐसा क्यों रहा
कभी कोई ऐसा नहीं मिला
जिसने कहा कि वो मेरा है

और बस मेरा ही रहना चाहता है
जबकि सदा साथ देती रही
बस इसी उम्मीद पर कि
किसी दिन कोई ऐसा रिश्ता होगा मेरे पास
जो बस मेरा होगा

हर रिश्ता मेरे पास रहा
बस मेरा नहीं रहा
क्या सचमुच ऐसा प्रेम
कभी मिल नहीं सकता
जो सदा बस मेरा हो

चाह राधा सी

हर प्रेमी मन राधा जैसी प्रेमिका चाहता है
हर कोई प्रेमिका में राधा का दर्शन चाहता है
कितना सरल समझ लिया सबने राधा को
कितना साधारण समझ लिया राधा के प्रेम को
कितनी सरलता से राधा ने
कितना कठिन प्रेम निभाया
क्या कभी किसी ने उस व्यथा को समझना चाहा
क्या कभी किसी ने राधा की कथा को जानना चाहा
कैसे–कैसे निभाये राधा ने प्रेम के वचन
वैसे कैसे भी नहीं निभाये राधा ने प्रेम के वचन
कुछ किया ही नहीं अपने प्रेम को पाने के लिए
हाँ, कुछ नहीं किया अपने प्रेम को पाने के लिए

राधा ने अपने प्रेम को
अपनी नस–नरा में बसा के बस जिया
राधा ने आजीवन
अपने प्रेम को बस अनुभव किया
क्योंकि राधा से कृष्ण के प्रेम में
जो अनुभूति थी
एक दूसरे की जो समझ थी
एक दूसरे के लिए जो समर्पण था

और सबसे कठिन और आश्चर्यजनक
एक दूसरे पर जो मान था
वह आजीवन दूर रह कर भी
कभी कम नहीं हुआ
एक दूसरे के प्रति
जो लगाव था, जो भाव था
वो सदा निष्कलंकित रहा
वास्तविक परम प्रेम की पराकाष्ठा
दोनों को प्राप्त थी
जो दो शरीर से नहीं
दो मन को एक करके ही प्राप्त की जा सकती है
भले उनका मार्ग शरीर से होकर जाये या न जाये
ऐसे में राधा जैसा प्रेम यहाँ–वहाँ जहाँ–तहाँ
कैसे प्राप्त हो सकता है

सबसे कठिनाई से मिलने वाला
सहज व सरल प्रेम सबसे दुर्लभ है
न वैसे कृष्ण मिलते हैं
न वैसी राधा फिर होंगी

राधा राधा रहेंगी
कभी रुक्मिणी न होंगी
रुक्मिणी भी कभी राधा न हो सकेंगी
कोई पास रह के भी दूर है
कोई दूर रह के भी पास है

अनूठा मिलन

वह कहते थे सदा कि
आत्मा से जुड़े हैं मुझसे
हमारा साथ कभी देह की
सीमाओं पर निर्भर नहीं रहा
हम जब तक अलग रहे
हमारी आत्माएँ तड़प कर
ढूँढ़ती रहीं एक दूसरे को
और मिलते ही
जैसे जीवन के हर बन्धन से मुक्त हो गये हम

हर सांसारिक बन्धन हमारे सम्बन्ध के
छोर खोजता रहा परन्तु
न पा सका कोई ओर–छोर
क्योंकि सचमुच
हमारी आत्माएँ जुड़ी थीं
जिस दिन दुनिया छोड़ी उन्होंने
उस दिन संसार से हर रिश्ता
बस नाम से बचा
किन्तु हमारा वास्तविक सम्बन्ध
तो उसी दिन प्रारम्भ हुआ

हर उस सम्बन्ध को
तोड़ सदा–सदा के लिए पीछे छोड़
हो लिए अपनी आत्मा के साथी के साथ
गयी मैं उन्हें विदा कराने
जब सभी आये थे
उनके शरीर को डोली में बैठा
अग्नि के फेरे लगा
दुल्हन से श्रृंगार में प्रीतम से
मिलाने आयी उनकी आत्मा
देह के बन्धनों से मुक्त
अपनी आत्मा के
चिर प्रतीक्षित साथी से मिलने

हो लिये उसी पल वो मेरे साथ
सदा–सदा के लिए
मुक्ताकाश में प्रसन्नता से
उड़ते–झूमते आ मिले
सदा को मुझसे
और बोले
ले चलो मुझे अपने साथ
दम घुटते–घुटते
आखिर देह छूट गयी
अब कोई कारण नहीं रोक सकता मुझे
तुम्हारे संग रहने से
हाँ! रहते हैं वो विदेह हो
मेरे अन्तर्मन और आत्मा के साथ

चलो समिधा

हाँ! आती तो है कुछ कम ही नींद
जब गिरता है सिर रात की गोद में
और सहलाती है निंदिया मेरा थका माथा
तभी अचानक आते हो तुम
लेकिन स्वप्न में नहीं
आती है तुम्हारी आहट
हिला कर मेरा हाथ
कहती है,
"उठो समिधा!
व्याकुल है मेरा गात, चलो मेरे साथ
निकल संसार के कोलाहल से"

चल देती हूँ साथ बिना संवाद
थके बदन को छोड़ शुष्क मरुस्थल से
हरसिंगार के फूलों पर जब चलते हैं हम साथ
यूँ लगता है अम्बर है पैरों तले अनन्त है साथ
कुछ पल रहकर साथ सदी एक जी आती हूँ
कुछ पग चलकर साथ हँसी वो ले आती हूँ
कई और रातों तक यूँ ही जाग जाग लेती हूँ।

□□